짭짤하고 **성**스러운
55가지 이야기

서정문학대표수필선 · 05
짭짤하고 성스러운 55가지 이야기

초판 1쇄 인쇄일 | 2017년 11월 7일
초판 1쇄 발행일 | 2017년 11월 14일

저　　자 | 윤송석
펴 낸 이 | 차영미

편　　집 | 디자인그룹 여우비
펴 낸 곳 | 도서출판 서정문학

주　　소 | 서울시 강동구 성안로31다길 8(천호동), 101호
전　　화 | 02-720-3266　FAX | 02-6442-7202
홈페이지 | http://cafe.daum.net/seojungmunhak.com
이 메 일 | sjmh11@hanmail.net
등　　록 | 2008. 3. 10 제324-2014-000060호

ISBN 978-89-94807-60-7 03810
정가 10,000원

© 윤송석, 2017

* 이 책의 판권은 지은이와 서정문학에 있습니다.
* 잘못된 책은 구입처에서 교환해 드립니다.

* 이 도서의 국립중앙도서관 출판예정도서목록(CIP)은 서지정보유통지원시스템 홈페이지(http://seoji.nl.go.kr)와 국가자료공동목록시스템(http://www.nl.go.kr/kolisnet)에서 이용하실 수 있습니다. (CIP제어번호 : CIP2017027519)

서정문학대표수필선 · 05

짭짤하고 성스러운
55가지 이야기

윤송석 지음

서정문학

contents

추천사	009	자신 앞에 솔직한 만남 ㅣ 이훈식 (서정문학 발행인·ㅅ
작가의 말	017	부부 생활의 소설화

1부	023	울보의 숙제
낯뜨거운 사연들	026	조모의 총애
	029	불타는 고뇌
	032	신선을 꿈꾸다
	035	비탈에 선 청춘
	038	수타면
	041	포경수술 실험
	044	첫사랑
	047	금연
	050	공부, 한의 미학
	053	쏠쏠한 각시
	056	내 인생의 스승
	060	마침내 일어서다 1
	064	마침내 일어서다 2

2부	069	똘똘이는 똘똘하다
부부의 희열	074	신유의 정사
	078	선악교체 정사
	081	부부 생활의 예의
	086	부부의 관건은 스킨십
	091	부부 사이엔 백지장도 벽이다
	094	생존의 가치는 그리움이다
	097	동시에 폭발하기
	100	재미를 보다
	104	그냥 잘 수 없잖아
	107	구강성교
	110	월출산 모텔
	116	그대의 향수

3부	121	성적 능력의 표상 '개 사랑'
부부 性 탐구	124	가시를 누그러뜨리고 춤을 추는 '고슴도치 사랑'
	127	야옹 야옹 소리 나는 '고양이 사랑'
	130	저돌적인 '돼지 사랑'
	133	가슴 벅찬 '말 사랑'
	136	십년을 기다린 '매미 사랑'
	139	양기陽氣의 상징 '뱀 사랑'
	142	건강과 장수의 대표 '사슴 사랑'
	145	밀림의 왕 '사자 사랑'
	148	여성이 주도하는 '염소 사랑'
	151	소곤소곤 속삭이는 '참새 사랑'
	154	하루뿐이기에 더욱 간절한 '하루살이 사랑'
	157	장단과 어울려 한배를 이루는 '학 사랑'
	159	정글의 왕 '호랑이 사랑'

4부
性이 별거냐

- 163 남성 성기에 뼈가 없는 이유
- 165 귀두의 사명
- 167 불알의 가치
- 170 요분질에 관한 단상 1
- 172 요분질에 관한 단상 2
- 174 결혼식은 성개방식이다
- 176 부부 관계를 해야 하는 이유
- 179 부부 예절
- 181 사랑 탐지기
- 184 부부 마사지
- 187 부부 함께 목욕하기
- 190 사랑의 배터리
- 192 성희롱 예방교육
- 197 왜 입덧을 하는가?
- 200 고통보다 더 큰 보람

추천사

자신 앞에 솔직한 만남

이훈식(서정문학 발행인·시인)

　우리의 삶은 끊임없는 만남의 연속이다. 먼저 부모를 만나고 형제를 만나며 내 이웃을 만나고 연인도 만나며 학문과 이 시대의 역사도 만나고 내 자신과도 만난다. 그러나 우리가 만나는 그 무수한 인연들 속에 진정한 그 만남의 가치는 무엇일까? 내가 만나는 모든 존재를 그저 수박 겉핥기식으로 받아들이고 있는 것은 아닐까? 나의 잣대로 전혀 사실과는 다르게 착각하며 살아가고 있는 건 아닐까? 만약 그렇다면 그것이 얼마나 무의미하고 허망한 것일까? 세상에 존재하는 모든 것은 자신의 존재에 대해 정당한 이해와 평가 받기를 원한다. 더욱이 인간은 자신의 능력과 사유를 분명하게 알아주기를 원하는 존재들이기에, 그 욕망이 더욱 클 수밖에 없다. 그러나 가장 중요한 것은 신神을 만나는 것만큼 어려운 참 자아自我를 만나는 일이다. 나라는 주체를 제대로 모른다면 우린 절대로 객체인 남을 이해할 수도 없다.
　성경에 보면 하나님이 아담을 보고 "아담아 네가 어디 있느냐" 하는 물음이 있다. 그 물음은 '아담아 너는 누구냐? 너는 뭐하는 놈이며 왜 태어난 줄 아느냐?' 하는 하나님이 인류에게 최초로 던진 질문이다. 그 대답이 바로 성경이다. 사실 우리의 아픔은 참다운 자아自我가 무엇인가 하는 그 진실에 도달하기 위해 어려운 문제를 늘 안고 살고 있다. 소크라테스가 성전에서 무릎 꿇었을 때 "너 자신을 알라" 했던 신의 음성은 지금도 우리에게 유효한 음성이요, 질문인 것이다.

성경에 38년 된 병자 얘기가 나온다. 베데스다 연못에 물이 솟구치는 날 제일 먼저 뛰어 들어가는 사람은 모든 육신의 질곡에서 벗어날 수 있다고 하지만 그 병자는 누군가의 도움이 없이는 그 혜택을 받을 수 없는 중증환자였다. 그러나 "네 자리를 들고 걸어가라"라는 예수님의 꾸짖음의 음성을 듣고 그대로 실천했을 때 죽음에서 생명으로 객체에서 주체로의 삶이 시작되었다.

문학은 첫째, 작가 자신이 쓰고자 하는 글을 통해 스스로를 질문하고 대답해 가며 자아를 알아가는 구도救道의 길이다. 그래서 시인 구상은 문학(시)은 언어를 통한 구도의 길이라고 했다. 그렇다면 참된 자아와의 만남은 나를 둘러싸고 있는 일체의 때 묻은 외식의 껍질을 먼저 벗어버리는 일이요, 허울뿐인 관념들의 낡은 옷을 찢어버리는 일이요, 선입견과 편견들을 헌신짝처럼 걷어치워야만 순수한 그 모습, 벌거벗은 알몸을 만날 수 있는 것이다. 문학은 그래서 자기 자신의 알몸과 대면하는 일이다.

주체와 객체의 대립이나 분리가 아니라 서로 투명한 관계 속에서 객체가 거울로서 주체를 비춰줄 때 흠 많은 자아를 보게 되는 작업이다. 그래서 우린 먼저 사전적이고 교과서적 사고의 틀을 거부하며 주관적인 감정에 매몰되지 않도록 자아를 객관화시켜 보는 것, 그게 바로 문학의 효용론이기도 하다. 이렇게 자기 자신을 둘러싸고 있는 껍질을 하나씩 하나씩 벗겨내게 되면 이율배반적이고 모순투성이 자아를 발견하게 되고 이미 세속에 길들여진 사고방식과 생활방식이 얼마나 치졸했던가를 보게 되는 것이다. 그러한 인식 속에서 쓴 글은 아마 설익은 독자들에겐 낯설고 단세포적인 발상이라고 가볍게 취급당할 수도 있겠지만, 문학의 궁극적인 목적 가운데 하나는 우리가 누구냐 하는 자아 발견이다.

서양사의 주류가 되어 있는 아리스토텔레스는 이성에 의한 철학적 명상만이 진실이라는 스승인 플라톤의 논리를 반박하며 인간은 누구나 영원한 이데아Idea와 선善을 갈구하지만 그 또한 피안의 일이며 현실이 될 수 없는 세계라고 말했다. 아리스토텔레스는 차라리 인간과 현실의 불완전한 모습을 발견하고 좀 더 겸허해지며 이성으로서가 아니라 순수한 감성으로 환원하는 자아의 정서가 먼저라고 얘기했다.

둘째, 문학이란 넓은 의미에서 보면 인간의 행위이며 인간이라는 물음에 끝없는 탐구가 허용되는 것이기에 어떤 사상이나 철학, 종교, 정치가 아니다. 문학은 그냥 문학일 뿐이다. 문학은 문학으로서 독특한 빛깔과 의미로서 존재하는 것이다. 모든 살아있는 생명체는 그 존재의 의미가 다 다른 것처럼 문학은 언제나 그 개체로서 존재이며 감성적이고 주관적이며 너와 내가 가진 자와 못 가진 자, 지배자와 눌린 자의 대립관계가 아니라 서로 융해되고 화해와 그 기쁨의 정서가 함께하는 세계이다. 문학은 인간의 "가치 있는 체험의 기록이다."(최재서)

익히 알려진 이러한 교과서적 문학의 정의는 시대가 변할수록 다양한 기준에 따라 발전을 거듭하고 있다. 문학은 단순한 흥미 추구의 이야기도 아니며 인생의 진리를 진솔한 언어로 표현하는 장르이면서도 허구적인 사건을 통해 우리에게 주어진 사유를 내재화 내지 육화incarnation시키고자 하는 고도의 창조 작업이다.

"문학은 사회의 비판적 기록과 생활 경험의 표현이며 육신으로 그린 생각의 그림인 동시에 길거리에 세워둔 거울이며 과학의 위를 나는 새요, 인간의 정신적 유토피아, 인생의 제조기, 인생에 공기와 물의 가치를 지닌 종교요, 음악이며 인생의 미래를 예측하는 그 무엇"이라고 모 평론가는 밝혔다. "무슨 새로운 철학이 아니라 이미 있었던 사상이나 철학을 독자에게 감동시켜 그로 하여금 생의 가치 있는 질적 변화를 가져오게 하는 언어 행위일 뿐이다."(오세영 시인)

셋째, 사실주의에서 말하듯 문학은 거울처럼 현실을 반영한다고 하지만 사회 현실의 모습을 그대로 그려낼 수는 없다. 한 개인에게 인생 경험이 남달리 풍부하다는 것 자체가 중요함을 그 누구도 부인할 수 없다. 문학은 작가 자신의 독특한 개성이 반영된 쾌락성이 문학의 대표적 기능임을 우리는 안다. 문학의 쾌락성에 대해선 자유로움과 부드러움이란 원리로 설명할 수 있다. 앞서 밝힌 대로 문학은 정서적인 언어를 통하여 인간의 감정을 표현하는 예술이며 표현에서 정치, 사회, 역사, 종교, 문화 등의 복잡한 대상에 대한 지적인 인식보단 정서적 인식을 지향한다. 보편적 사실을 기록한 역사와는 달리 문학은 구체적이며 감각적인 인상을 바탕으로 성립하는 정서 표현의 예술이기 때문이다. 이런 특성이 문학적 흥미를 유발한다고 볼 수 있다.

문학의 쾌락성은 인간이 주체가 된 인간사를 담고 있으며 인간의 모든 모습을 반영하기에 인간의 사유세계를 다루는 철학, 심리학, 정치학, 사회학 등을 비롯해서 현실에서 그대로 발생한 사건만을 다루는 논픽션, 역사 기록 등과도 동일선상에 놓여 있다. 그래서 문학은 우리가 실지 인물과 거의 비슷하게 그려진 초상화를 익숙하게 들여다보길 즐기는 이치와 같은 것이다. 사르트르는 말하길 문학이란 탈persona을 쓴 인간을 심판하기 위해서가 아니라 결국 옹호하기 위해서 존재한다고 했다. 그런 의미에서 보면 윤송석 작가가 이번에 쓴 작품은 일단 성性을 통한 쾌락 그 기쁨을 자전적 이야기로 풀어낸 작업이 흥미롭다. 인간은 성을 떠나서는 존재할 수 없는 애당초부터 불가능한 존재임을 이야기하고 있다.

에덴의 동쪽에는 두 개의 상반된 질서가 있었다. 어둠이 있는가 하면 밝음이 있었고 죽음이 있는가 하면 생명이 있었으며 사랑이 있는가 하면 증오가 있었던 세계. 물질이 있었는가 하면 정신이 있었던 그곳은 이원적 논리가 난무했고 지성이니 인식의 가치니 하는 걸로 포장된 세계이기도 했다. 어쩌면 윤송석 작가는 이처럼 상반된 가치를 성이라는 원초적인 본능을 통해 무엇이 나와 다르고 무엇이 정신이고 무엇이 물질이며 그 결핍과 충족해서 오는 그 차별성은 무엇인가를 묻고 싶었던 같다. 지금까지 우리가 숨겨왔던 노골적인 성을 통해 상대적 우월감과 열등감, 오만과 편견이 어디서 오는가를 변별해 보고 싶었던 욕망이 컸던 것 같기도 하다.

불가에서는 전생에 6천 번 이상 만남이 있어야 이생에서 옷깃을 스친다는 말이 있다고 한다. 한 번 맺어진 인연들 앞에 공통분모는 무엇이었을까? 아마 윤송석 작가는 알몸을 숨기지 않고 드러내 놓으며 겉으로는 화려하게 꾸며진 회칠한 무덤이 아니라 감히 하늘도 우러러 보지 못하고 제 가슴을 치며 "내가 죄인입니다" "내가 죽을 놈입니다" 하고 짓눌려온 성性에 대해 소리 높이 외치고 싶었는지도 모르겠다.

성인이나 군자들도 알고 보면 우리와 성정性情이 조금도 다르지 않는 필부필녀匹夫匹女에 지나지 않으며 절대자 앞에서는 한 인간일 수밖에 없다는 이 평범한 진리를 만천하에 소리 지르고 싶었는지도 모르겠다. 단 한 번뿐인 생애에 이 상태로는 너무나 억울하고 삭막하고 너무나 왜곡된 성이라는 진실 앞에 늘 허기진

가슴이었기에 더러는 부끄럽고 더러는 미안한 성性의 비밀을 가감 없이 용기 있게 표현했나 보다.

1부 〈낯 뜨거운 사연들〉에서부터 마지막 4부 〈性이 별거냐〉까지 줄곧 성性을 통해 문제를 바라보고 이해하며 인간의 원초적 감성을 구겨진 표정 없이 그려내고 있다. 성을 통해 대화하고 성을 통해 서로를 용서하고 성을 통해 인간의 근원적인 문제가 어디에 있는가? 그 절대적 가치를 찾고자 하는 또 다른 몸부림은 아니었을까?

삶이란 정지할 수 없는 것이며 분명히 어디론가 가야만 하는 숙명을 지닌 존재이다. 회한과 모멸로 점철된 어두운 부분이 있는가 하면 이 땅에선 다시 그려낼 수 없는 달콤하고 황홀했던 시간을 저마다 다 가지고 있다. 그러면서도 상처뿐인 패배의 상흔을 문신처럼 간직하고 사는 게 인생이다. 물론 인간의 삶을 너와 나라는 이분법적 사고로 나눈다는 것이 또 삶을 과거와 현재로 나눈다는 것이 뭔 의미가 있을까? 인간적인 너무나 인간적인 일체의 가식과 허세를 털고 알몸으로 신神 앞에 독자 앞에 내 던져진 자아 속에 진정한 성의 자유를 향유하고 싶었던 간절함이 보인다. 진부한 세속에 얽매이면서도 적당히 변명하지 않고 덧칠하고픈 유혹을 벗어버린 자유인이 바로 윤송석 작가가 아닐까?

무릇 글 쓰는 사람은 자유로운 사람들에게 호소하는 자유인이며, 오직 자유라는 한 가지 주제만을 가지고 있을 따름이다. – 장 폴 사르트르

흔히 '성性'이라 하면 'SEX'를 생각한다. 'SEX'라 하면 또

무엇이 연상되는가? 남녀의 알몸과 성행위 장면이 떠오르지 않을까? 성性은 성기와 행위를 중심으로 한 개념이다. 성은 인간이 태어나면서 갖는 3대 본능 식욕, 수면욕, 성욕 중 하나이다. 본능은 정신 작용에서 언제나 방향을 제시하는 인간에 있어서 중요한 부분이다. 성 본능은 인체 속에 흥분 된 성 에너지를 소비하는 목적 아래서 어떤 특정한 수로를 따라 흐르는 강물과도 같다. 성은 아름다운 것이다. 성은 인류사이다. 성은 귀천이 없다. 성은 감출수록 지저분해진다. 가장 인간적인 성을 주제로 펼쳐낸 부분에 관해 혹자는 고개를 돌릴지도 모른다. 허나 다원화 시대 다양한 시대에 나와 다름은 다른 것일 뿐 나와 다름은 무조건 틀렸다는 사고를 가진 분들은 이 글을 읽을 자격이 없다.

이번에 윤송석 작가가 수필이라는 형식을 빌려 자전적 애기를 적나라하게 그려놓았다. 책이 세상에 나오면 그 몫은 독자의 것이다. 좀 어눌하고 서툰 부분도 있어 보이지만 아방가르드(첨병) Avant-garde처럼 앞서 가는 걸음이 되었으면 좋겠다.

이 글들은 얼굴의 화장을 지우고 민낯으로 만나야 한다. 그리하여 진짜 내가 진짜 너를 만날 수 있다. 너와 만나는 밀실의 가식을 버린 자만이 존재하는 투명한 공간. 서투른 표현이 오히려 공감도를 높이는 그 반작용의 의미를 아는 작가. 읽는 사람으로 하여금 한 번쯤 성性을 생각해 보는 계기가 되었으면 좋겠다.

2017년 여름 용인에서

작가의 말

부부 생활의 소설화

이래저래 살아온 인생, 자랑할 것은 아무것도 없고, 생각할수록 부끄럽고 자다가 깨어나 생각해도 낯 뜨거운 사연일색입니다.
솔직히 수치심 가득합니다. 양심이 바라고 원하는 대로 살지 못하고, 하늘의 말씀대로 순전하게 살지 못했다는 이 수치를 주시하면서, 뼈를 깎는 심정으로 자성하고 자숙하기로 명심합니다.
이 와중에도 기껍게 생각하는 건, 낡은 생을 비로소 직시하고 이제나마 이상과 현실 사이에서 괴로워하고 아파하고 그리워했던 것들을 죄다 끄집어내 매무새를 갖춘 글을 발표하게 되었다는 사실입니다.
본서의 중심 이야기는 부부의 性입니다. 필자가 본 부부의 性은 밥만 먹던 생활에서 차원이 다른 떡의 세계를 발견한 것과 같은 참으로 흥미로운 세계였습니다.
성숙한 남자와 여자가 그림자처럼 하나가 돼 사랑하는 세계가 있다는데 정말로 화들짝 놀랐지만 내심 쾌재의 미소를 지었습니다. 부부가 안방에서 정답게 끌어안고 속삭일 수 있다는 것, 그

색다른 세계의 맛이야말로 인생의 진정한 맛이 아닐까 싶었습니다.

부부에겐 각각 사명이 있습니다. 아내를 행복하도록 하는 것이 남편의 사명이요, 남편을 행복하도록 하는 것이 아내의 사명입니다. 이 사명은 그냥 이루어지지 않습니다. 부부가 서로 성심껏 노력하지 않으면 기쁨도 즐거움도 행복도 결코 이루어지지 않습니다.

부부 생활을 소설화小說化해야 합니다. 문학과 같은 부부 생활, 소설과 같은 부부 생활을 창조해야 합니다.

아무리 맛있는 요리도 매일 먹으면 싫증납니다. 좋은 소리도 두 번 하면 잔소리가 된다는 속담처럼 언제나 똑같은 패턴pattern의 부부 사랑은 재미가 없습니다.

부부 생활을 늘 새롭게, 흥미롭게 유지하려면 동물의 사랑 세계를 연구해야 합니다. 예를 들면, 고슴도치 부부가 어떻게 사랑하는지, 고양이는 어떻게 사랑하는지, 하루살이는 어떻게 사랑하는지를 연구해 가지고 부부 생활에 적용해서 살맛나는 부부 사랑을 연출해야 합니다.

이 지구상에 몇 천 가지 종류의 동물이 존재한다면, 그 몇 천 가지 동물의 사랑을 연구하고 탐구하고 프로그램을 짜 가지고 일생 동안 실천해도 그 사랑 세계를 다 소설화하지 못 할 것입니다.

부부가 만족스러운 관계를 갖고 나면, 죽을 먹어도 웃음꽃이 피고 괜히 헤헤거리게 되고, 그것이 몇 시간이든 며칠이든 부부 사이에 평화가 유지됩니다.

이 좋은 부부 생활을 위하여, 필자의 부부 생활 13가지 실례實例를 마침내 공개하게 되었고, 대표적인 14가지 동물의 사랑 세계를 연구해서 발표하게 되었습니다. 3부 〈부부 性 탐구〉는 인터넷 사이트 등을 참고 또는 인용했다는 점을 밝혀둡니다.

독자 여러분께서는 다만, 참고하시고 더 많은 동물의 사랑을 연구하여 영리한 부부 생활을 영위하시기 바랍니다. 이 땅에 존재하는 모든 부부가 항상 행복하시기를 두 손 모아 기도합니다.

1부

낯뜨거운 사연들

울보의 숙제

　　　　　아기 신랑[1]은 태어나면서부터 울었다. 누구인들 고고한 울음 내지르지 않고 탄생했으랴만 그의 경우는 다른 사람과는 또 다른 울음의 선전포고와 같은 울음이었다. 석 달 열흘이 지나도록 지칠 줄 모르고 울고, 울고, 또 울었다. 먹고 자는 시간 외에는 우는 것이 취미요, 특기요, 본업처럼 줄곧 울었다.
　"제발 좋은 일 허실라믄 인자 그만 울게 좀 해 주소서. 비나이다. 비나이다……."
　백일이 지난 어느 날 가족회의 끝에 푸닥거리를 했다. 뭔가에 단단히 씌었는지도 모를 일이었다. 국조 단군이 조선을 건국한 이래 이보다 더한 울보는 없을 듯 했다. 무당을 불러서 요란한 굿판이 벌어진 것이다.
　아이는 시도 때도 없이 유난히 울었다. 겨우 잠이 들면, 그의 어머니도 아버지도 할머니도 이웃집 아주머니까지도 목소리를 낮추고 숨소리를 죽이고 마음을 졸였다는 전설이 지금도 전해져

---
1) 1인칭 주어 '저' 또는 '나'를 〈신랑〉으로 '아내'를 〈각시〉로 줄곧 썼음을 밝혀둔다.

오고 있다.

"시방 우리 집 애기가 자고 있응게 조용히 허시요잉. 쉿!"

자기 마음대로 가위질한다는 천하의 엿장수도 신랑의 집 근처에 오면 자유롭지(엿장수 맘대로) 못했다 한다. 엿장수가 내는 가위질 소리가 어렴풋이 들려오면 할머니는 쏜살 같이 쫓아나가 엿장수에게 주의를 주었던 것이다.

"오매, 너 애랬을 적에 울었던 기억 안 나냐? 요렇코롬 수말시러운 애기들 열 명 키우는 것이 너 한나 키우는 것보담은 더 수월했을 것이다야."

훗날 어머니는 잘 노는 아이들을 보면서 신랑을 키우실 때 어려웠던 심정을 이 한마디 말씀으로 회고하셨다. 그 외에도 남다르게 까칠하게 굴었던 울보의 진면모를 기억하는 증인들이 아직도 건재해 있다는 데 신랑은 때때로 절망감을 느낀다.

하지만, 얼마나 감사한 일인가! 만약 그가 동물이었다면 어찌할 뻔했는가? 겉모습만 보고 주인으로 자처한 사람은 사흘도 못 가 귀찮아할 것이며, 장날마다 또 다른 주인을 찾아 장터에 끌려나올 것이었다.

《어린 왕자》의 작가로 유명한 앙투안 드 생텍쥐페리는 "슬픔을 느끼는 것이야말로 살아 있다는 증거이고 남을 위해 흘리는 눈물은 모든 사람의 가슴속에 숨어 있는 보석이다."라고 했다.

그렇다면 신랑의 눈물은 어느 쪽에 속하는 것일까? 갓 태어나면서부터 온 가족을 고통 속으로 몰아가며 흘린 눈물도 '남을 위해 흘린 눈물'이라며 누군가 공정한 판단을 내려 주기만 한다면, 만약 그와 같이 인정된다면 그 얼마나 좋으랴만 신랑은 아무래도 자신이 없다.

그의 눈물은, 결코 속일 수 없는 순결한 것이라거나, 차마 감출 수 없는 뜨거운 감정에 북받쳐 하늘을 우러러 온몸으로 울었다고는 말할 수 없으리라. 다만 "세상에는 공짜가 없다."라는 진리에 주목하면서, 세계 7대 불가사의처럼 아직도 속 시원하게 해명되지 않은 눈물, 그렇게 흘린 눈물만큼 신랑은 누군가에게 빚을 지고 있고, 그 빚을 갚기 위해 이 순간 숨을 쉬고 있으며, 오늘을 살아가는 이유가 아닐까 하는 생각이 스치곤 한다.

조모의 총애

　　　　손자들 가운데 할머니의 사랑을 가장 많이 받은 사람은 바로 신랑이다. 어머니는 4남 2녀를 생산하셨다. 어머니께서 수고롭게 생산하신 뒤에는 할머니의 막중한 소임이 주어지곤 했다. 여섯 명의 손자 손녀를 다 챙겨야 할 할머니의 처지였지만, 둘째 손자인 신랑에게 더 많은 관심을 기울이셨다.

　어린 시절 그의 집안은 몹시 옹색한데다 식구가 많았다. 할머니, 어머니, 아버지 그리고 4남 2녀, 모두 아홉 식구가 두 개의 방에 올망졸망 엉켜서 살았다. 작은방에는 부모님과 남동생이, 큰방에는 할머니를 위시한 다섯 명의 형제자매가 한 이불 아래에 저마다 두 발을 집어넣고 잠자리에 들었다. 그때마다 신랑은 할머니 옆에 둥지를 틀고 지냈다.

　할머니 곁에 누우면 할머니는 으레 "어디, 많이 컸는가 보자!" 하시며 신랑 바지 속으로 손을 쓱 집어넣고 아랫도리를 더듬으셨다. 철모르는 손자의 불알을 세심한 손길로 확인하는 숭고한 시간이다.

신랑은 할머니가 불알을 더듬을 때마다 무심한 마음이었다. 그것은 이미 그가 의식하지 못하던 때부터 관례처럼 행하신 일이 아니었나 싶다. 할머니는 다른 사람처럼 '고추'나 '자지'라고 구체적인 명칭을 들먹이는 일 없이 대뜸 "많이 컸는가 보자" 하시면서 거침없이 손을 뻗쳐 기민하게 움직였다. 할머니의 "많이 컸는가 보자!"라는 말씀은 동의를 얻기 위한 말씀이 아니라 '이제부터 둘째 손자의 불알을 만질 것이다.'라는 강한 의지가 담긴 선언이요, 당당한 선포였다.

그것은 마치 농사꾼이 특용작물을 재배하면서 아침저녁으로 논밭이나 비닐하우스 등에 찾아가 작물이 잘 자라는지 관찰하고 확인하는 정성어린 보살핌과 같은 것이다. 만약에 물이 부족하면 샘물을 뿌려주고, 기온이 낮으면 냉해를 입지 않도록 보온해주고, 너무 더우면 작물이 타지 않게 통풍이 잘 되도록, 때때로 손길이 필요한 것과 같은 이치다.

물론 할머니께서 위와 같은 자연적인 지식을 갖추고 손자의 그것을 더듬는다고 할 수는 없다. 그러나 적어도 거기에는 손자를 사랑하는 할머니의 애틋한 그 무엇인가가 내포돼 있다는 것이다.

할머니는 신랑을 지키느라 불철주야 수고하셨다. 밤에는 이불 속에서 정성어린 손길로 쓰다듬어 지켜주셨고, 낮에는 징징대는 그를 변함없는 사랑으로 다독여 지켜주셨다.

초등학교를 졸업할 즈음, 그날도 할머니는 "많이 컸는가 보자!"라는 선언과 함께 신랑의 바지 속으로 손을 넣고 예의 불알을 만지작거리셨다. 어쩐지 손길이 스칠 때마다 기분이 좋아졌다. 할머니의 손길이 머문 지 얼마 되지 않아 신랑의 자지는 불끈 힘을 받아 빳빳하게 일어섰다.

"헉……"

화들짝 놀라는 신음과 동시에 할머니 손이 멈추었다.

"우리 강아지, 벌써 많이 컸구나!"

탄식처럼 중얼거리시던 할머니는 신랑 바지에서 손을 거두셨다. 할머니는 곧바로 몸을 돌려 신랑을 등지고 옆으로 누우셨고 그는 따뜻한 느낌이 좋아 할머니의 몸을 안았다. 할머니는 아무 말 없이 그냥 가만히 계셨다.

그런 일이 있은 후로 할머니의 "어디, 많이 컸는가 보자!"라는 말을 더는 들을 수 없었다.

불타는 고뇌

　　　　　　신랑이 자위행위를 알게 된 것은 14세 때 일이다. 그걸 직접 시범을 보이면서 전수해준 사부師傅는 같은 동네에 사는 한 살 위의 친구였다.

　그때 배운 재미를 때때로 혼자만의 즐거움으로 누리고 있었다. 어떤 날은 하루에 두 번 또는 세 번씩 그 짓을 하면서 '오늘만 하고 다시는 하지 말아야지.' 하고 다짐하건만 그 다짐은 번번이 무너지고 말았다.

　신랑의 자위는 날이 가고 해가 갈수록 감각적이고 자극적인 차원으로 발전하였다. 날마다 성적 유혹에 쉽게 쓰러지면서 음란한 생각에 자신을 맡기었다. 즉 에로틱한 영화나 포르노 비디오를 보고, 인터넷에서 야설을 찾아 읽고, 더러는 길거리에서 마주친 섹시한 여성을 떠올리며 자위행위에 몰입했다.

　특히 혼자 있을 때, 침대에 누우면 꼭 자위를 하려는 게 아니지만 습관적으로 성기를 손으로 만지는 것이었다. 이러한 자극은 자위행위로 연결되는 전이역할을 한다. 이처럼 습관적으로 성기를 만지는 행동을 강한 의지로 끊어야 하는데, 성적 감각의 노예가 돼 그것조차 생각대로 끊지 못했다.

그 무엇보다 중요한 것은 자위행위를 하지 않는 날엔 자신이 정결하다고 느껴지고, 뭔가에 승리한 것처럼 뿌듯함을 느낀다는 사실이었다.

자위행위를 영어로는 masturbation마스터베이션이라고 하는데 이를 표현하는 두 가지 우리말이 있다. 첫째는 자위自慰이고 둘째는 수음手淫이다. 그 의미를 자세히 들여다보면, 자위는 마스터베이션에 비해 비교적 긍정적인 입장을 취하고 있으나, 수음은 손 수手 자에 음란할 음淫 자를 써서 윤리성倫理性을 내포하고 있다.

마스터베이션을 로마 가톨릭에서는 "지옥에 떨어질 죄악"으로 비난했지만 이런 사실을 문제 삼지 않더라도 음란한 생각이 수반될 수밖에 없는 자위행위는 죄를 담보하고 있다고 할 수 있다.

수음手淫의 음淫 자는 '음란하다', '도리에 어긋나다', '어지럽히다'라는 뜻을 지니고 있다. 수음은 앞에서 윤리성을 내포하고 있다고 했다. 다시 말하면, 수음手淫은 손으로 음란한 짓을 하는 것이요, 도리에 어긋나므로 떳떳치 못한 짓이요, 음욕이 자기 생각을 지배하도록 내줌으로서 마음을 어지럽히고, 정신을 어지럽히고, 양심을 어지럽히고, 성령이 거하시는 성전을 어지럽히는 행위이다.

여기서 재삼 주목할 것은, 수음은 사람의 도리道理에 어긋난다는 것이다. 왜 그럴까? 수음을 할 때는 상상 속의 여성과 간접 섹스를 즐기기 때문이다. 그 여성 처지에서 보면 용서할 수 없는 영적 성추행이요, 영적 성폭행이다.

왜 자위행위가 그토록 끊기 어려운가? 그 배후에 죄를 짓도록 유도하고 이끄는 음모 세력이 진을 치고 있기 때문이다.

아! 신랑의 삶에서 가장 치명적 열등감의 근원은 자위행위였다. 그것은 신랑의 쓴 뿌리와 같은 타락성이요, 음란한 마음을 한사코 절구질하는 나쁜 습관이었다.

아무도 모른다 해도 양심良心은 신랑 자신의 양지와 음지를 모조리 기억하고 있기에 '나 같이 불결한 죄인이 이 세상에 또 어디 있을까?' 수없이 좌절하고 속으로 탄식하며 살아온 것이다.

신선을 꿈꾸다

외갓집에는 이전에 보지 못한 책들이 꽂혀 있었다. 그 중에 『명승과 괴승』이라는 책에 푹 빠져들었다.

서산대사로부터 신라의 조신, 혜초, 고려의 의천, 매월당 김시습, 요석궁중의 원효 등 걸출한 인물들의 탁월한 행적에 잠시도 눈을 떼지 못하였다. 그러다가 이인 전우치에 이르러 열다섯 살 소년 신랑의 가슴에는 불현듯 불길이 번지고 있었다.

신랑은 전우치의 신비하고 영묘한 도술에 도취해 몇 번이나 읽고 또 읽으며 마른 침을 삼키었다. 그와 같이 신묘한 도술을 자유자재로 부릴 수 있는 신선이 되리라. 통쾌하고 신비한 능력을 갖추리라.

신랑은 읽던 책을 덮고 곰곰이 생각에 잠기었다. 그러던 그는 결심했다. 송광사! 그곳에서 본격적인 수도승이 되리라. 전우치는 도술로서 빈민을 구제하고 사악한 벼슬아치들을 징계하며, 세상이 다 아는 재주를 부렸다지만, 그는 도술을 배워서 무엇을 어찌하겠다는 생각은 전혀 없었다. 단지 세상을 놀라게 할 신비한 능력을 갖추고 싶을 뿐이었다. 마음의 초점은 이미 그곳에 맞추어졌다.

"운명을 아는 자는 하늘을 원망치 아니하며, 자기를 아는 자는 남을 원망치 않는다."(유향)
일기장에 이 한 구절을 적어 놓고 집을 나섰다.

가족이 고요히 잠든 이른 새벽, 뿌듯한 희망을 품고 떠나는 신랑의 걸음에는 비장함이 서려 있었다. 빡빡 깎은 머리, 검정색 중학생 모자를 눌러 쓰고 나선 때는 늦가을이었다. 주머니에는 동전 한 닢 지니지 않은 채 15년 동안 정들었던 고향을 등지고 순천 송광사를 향하여 당당하게 출발하였다.
고대하던 목적지 송광사에 다다랐을 때는 저녁노을이 붉게 물들어 있었다.
"스님, 이 절에서 공부하려고 찾아왔습니다."
스님 한 분에게 정중히 인사를 드리고 찾아온 취지를 말씀드렸다.
"몇 년 전까지 공부를 시켰는데요. 지금은 공부를 시키지 않습니다. 다른 절에 가보시지요."
"……"
한편, 일기장에 심상치 않은 한 마디만 남긴 채 사라진 둘째 아들 때문에 온 집안이 발칵 뒤집어졌다. 정녕 자살했을지도 모른다며, 마을 앞 저수지와 앞산과 영산강 상류인 지석천으로 가족이 총출동되어 찾아 나섰다. 신랑이 갈만한 친척 집을 다 연락해 봐도 알 길이 없던 터에 이틀 만에 그가 돌아왔다.

독일의 시인 헤르만 헤세는, "모든 유혹 가운데 가장 강한 유혹은 원래의 자기와는 전혀 다른 존재가 되고 싶은 바람, 그리고 자기가 도달할 수 없거나 도달해서는 안 되는 모범이나 이상을 추구하는 것이다."라고 말했다.

한 권의 책을 읽고 그 충동을 이기지 못 해 가출했던 사건은 1박2일 만에 너무 시시하게 막을 내리고 말았다.

비탈에 선 청춘

생의 꽃이 막 필 무렵, 열여섯 살 되던 해 가을에 신랑은 세상에 첫발을 내디뎠다.

이웃에 사는 담양아제의 아들(윤철호)이 전라북도 익산에서 돈을 잘 번다고 해서, 추석 명절 뒤에는 그 형님을 따라가기로 했다. 그는 요릿집 주방장이었다. 신랑은 추석이 돌아오기를 손꼽아 기다렸다. 추석 명절을 맞아 그 형님이 고향에 내려왔다는 소식을 듣고는 뛸 듯이 기뻤다.

철호 형님의 소개로 낯설고 사연 많은 신랑의 인생 무대의 제1막 1장의 커튼이 스르륵 열렸다. 사회에 첫걸음을 떼게 된 것이다. 그곳은 전라북도 익산시, 당시 지명은 이리의 고궁古宮이라는 요릿집이었다.

'요릿집' 하면 기생이 생각나고, '기생妓生' 하면 가장 먼저 글과 그림과 춤 그리고 가야금에 능한 교양과 품격을 갖춘 황진이, 매창, 계월향 등이 떠오를 것이다. 그녀들은 '몸'이 아니라 예술적 재능을 팔았던 고품격 기생이었다.

신랑이 취직한 고궁은 시詩, 서書, 화畫에 능하고 솜씨가 좋은 기생들이 아니라 그야말로 화류춘몽花柳春夢의 주인공들이 밤마다 술을 팔고, 노래를 팔고, 웃음을 팔고 그리고 더러는 한 떨기 꽃과 같은 몸을 팔기도 하는 요릿집이었다.

고궁에서 그의 임무는 요리사들과 찬모 아주머니를 돕는 잔심부름을 하는 것이었다. 요릿집에 딸린 식솔이 자그마치 60여 명 내외였기에 뒤뜰 공간에 가마솥을 걸어놓고 불을 지펴서 밥을 했다. 그때 그는 아궁이에 불을 지피는 일을 도왔고, 식사를 마치면 설거지는 그의 몫으로 돌아왔다.

신랑은 요릿집을 생각할 때마다 마치 어제 일처럼 선명하게 떠오르는 가슴 아픈 일화가 있다.

그날도 주방에서 일을 하고 있는데 밖에서 난데없는 통곡소리가 고막을 찢을 듯이 들려왔다. 나가서 보니, 한 누나가 땅바닥에 털썩 주저앉아 자기의 가슴을 치며 울고 있었다. 도대체 무슨 일이 벌어졌기에 그토록 망연자실 울고만 있을까? 저러다 혼절하면 어쩌나 싶을 정도로 가슴을 쥐어뜯는 통곡이었다.

찬모 아주머니가 주방으로 들어와서 그 사연을 들려주었.

그 누나의 저금통장과 도장을 다른 누나가 훔쳐 달아난 것이었다. 그 돈은 그녀가 시집갈 때 쓰려고 한 푼 두 푼 모아놓은 것이었다고 한다.

그 돈이 어떤 돈이냐? 손님과 잠자리를 해서 수년간 모아놓은 돈이었다.

세상에는 많은 종류의 돈이 있겠지만, 그 돈은 뭐라고 말할 수 없는 처절한 돈, 차마 목이 메어 입 밖으로 꺼내기조차 서글퍼서 눈물 어릴 돈, 내키지 않는 웃음을 팔고 애달픈 노랫가락을 팔고 비탈진 청춘을 팔면서 억울함도 서러움도 고달픔도 역겨움도 온갖 멸시도 참고 견디며 한 푼 두 푼 모았다는 그 돈, 그 돈을 하루아침에 잃고 끝없이 탄식하며 엉엉 울고만 있는 것이었다.

수타면

 하룻밤 자고 나면 어렴풋이 또는 생생하게 생각나는 꿈이 있다. 그것은 너무 선명하고, 꿈은 곧 현실의 지금이 되곤 한다.

 꿈의 배경은 짬뽕과 짜장, 밀가루와 쇼트닝 기름 냄새 흥건한 중국집 주방이다. 그곳은 결정적인 꿈을 실연實演해 보이는 세트장인 듯하다.

 신랑의 나이 열아홉 살 때 일이다.

 짜장면 배달 과정을 이수하고 주방의 접시닦이(싸완)도 수료한 터 위에, 면을 뽑는 직책의 반열(라면)에 우뚝 서 있었다.

 그런데 주인아주머니가 주방에서 그릇 닦는 일을 도와주면서 신랑은 죄스러운 나날을 보내야만 했다. 그녀는 그릇 닦는 일 외에, 신랑이 면을 뽑아서 가마솥에 넣으면 다 익은 면을 조리로 건져서 깨끗한 물로 씻은 다음 다시 뜨겁게 데워서 전표를 보고 그릇에 담아낸다.

 이때 신랑의 작품으로 나타난 면발은 일정한 굵기여야 한다.

그런데 그 굵기는 비슷할 때도 있지만 가늘고 굵고 제멋대로인 경우도 허다하다. 가는 것은 그래도 괜찮지만, 평균치보다 두 세 배 굵은 것은 주인아주머니의 손에 의해 여지없이 빈 바구니로 들어간다. 점심시간이 지나고 나면 바구니는 어느새 가득 차 있었다.

바구니에 모아 놓은 면(퍼질 대로 퍼져 있음)을 프라이팬에 넣고 거기에 짬뽕 국물을 넣고 보글보글 끓인다. 그걸 식당 주인을 비롯한 전 종업원이 점심으로 먹게 된다. 신랑 혼자 먹는다면 별 문제가 안 되었겠지만, 다른 사람도 같이 먹는 사태가 날마다 반복되는 데 그 죄스러움이란 이루 말할 수 없었다.

신랑은 4년간 중국집 라면으로 활약했다. 하루에 두 포대 반의 밀가루를 소화했으니 그의 손을 거쳐 간 밀가루는 약 3,000포대에 이른다.

신랑에겐 "짜장면" 하면 떠오르는 가슴 아픈 추억이 있다.

무덥던 어느 여름이었다. 한번 면을 뽑으면 6~8그릇이 나오는데 그날은 온종일 한 번에 한 그릇, 또 한 번에 한 그릇 정도의 면밖에 나오지 않았다. 전표는 가득 밀려 있고, 모두가 신랑의 모습만 안타깝게 지켜보는 가운데 해질녘까지 허덕이며 고통스러운 시간을 보내야 했다.

그리고 얼마 후 또 한 번의 시련이 닥쳤다. 그날은 저녁때까지 무사히 면을 뽑았다. 아마 가족이었으리라. 그들의 주문을 받고 면을 뽑는데 1시간이 지나도록 헛심만 쓰고 있었다. 평소처럼 흔들건만 반죽이 뚝뚝 끊어지고 좀처럼 면이 나오지 않았다. 결국 인내심 좋게 기다려 주신 그분들께 머리를 조아리며 보내야만 했다.

그래서인가! 신랑은 어느 식당에서 음식을 먹든지 빨리 달라고 재촉하지 못한다. 또한 음식에서 이물질이 나오면 주인이 볼까 봐 얼른 숨기고 만다.

여전히 짜장면을 좋아해서, 이제는 보기 드문 수타면이 되었지만 가끔씩 쫄깃하고 오동통한 면발이 그리울 때가 있다.

포경수술 실험

서울시민이 된 지 3년째 되던 해에 신랑은 영등포구 신길동 〈우신극장〉 옆에 자리한 중국집에서 일했다. 그의 나이는 열아홉 살이었고, 역할은 수타면을 만드는 것이었다.

한가한 시간에는 파 또는 마늘을 손질하거나 양파 껍질을 벗기며 노닥거리는 게 보통이다. 대형 고무 대야에 물을 채우고 거기에 작업할 것을 넣고 뺑 둘러앉아서 손을 놀리면서 입으로는 주로 여성에 관한 얘기를 어지럽게 주고받기 일쑤였다. 이를테면 음담패설을 늘어놓는 것인데, 주방장은 삼십 대 초반이었고 그 나름대로 여자 경험이 풍부해서 날마다 새로운 이야깃거리로 다양한 일화를 쏟아내곤 했다.

포경수술 이야기가 나왔다. 신랑은 어른의 그것처럼 홀라당 뒤집어진 버섯 모양이 아니었다. 그래서 고민하고 있었는데, 포경수술은 꼭 해야 한다고 그 유용성에 대해서 침을 튀기면서 설파하는 것이었다. 그의 열렬한 포경수술의 참된 가치에 매료돼 다가오는 휴일에는 꼭 수술하리라 마음먹었다.

그 식당은 한 달에 단 한 번의 휴일이 있었다. 드디어 쉬는 날 종로1가의 한 병원에서 수술을 했다.

"수술을 했으면, 그것이 잘 됐는지 실험을 해봐야 한다."

"어떻게 실험을 합니까?"

"청량리에 가면 실험을 할 수 있다."라고 알려주었다. 주방장은 어느 곳보다도 '청량리 588'을 강력히 추천한다고 말했다. 실전 테스트를 거치지 않으면 수술이 잘됐는지 어떻게 알 수 있느냐고 역설하면서, 그것이 수술의 성공 여부를 검증할 수 있는 유일한 길이라고 했다.

휴일이 돼 신랑은 물어 물어서 버스를 타고 청량리에 갔다. 골목길을 이리저리 헤매다가 어떤 아주머니를 따라 나섰다.

"애야, 손님이다. 잘 모셔라."

어느 틈에 낯선 여자와 한방에서 마주하고 있었다.

"옷 벗고, 이리 오세요."

여자가 드러누우면서 말했다. 벌써 아랫도리엔 아무것도 없었다. 그녀의 풍만한 몸매가 고스란히 드러났다.

"아, 예!"

"이리 올라오세요."

그녀는 자신의 배를 가리켰다. 신랑이 그녀의 배 위에 엎드리자 그녀는 어느새 기세가 오른 신랑의 성기를 자신의 몸속에 쏙 집어넣었다. 그런데 어찌 된 일일까? 삽입하자마자 얼떨결에 사정해버렸다.

"좀 쉬세요."라고 짧게 말하고 그녀가 방에서 나갔다. 신랑이 한숨 자고 있는데, 그녀가 방문을 열고 조용히 들어왔다. 다시 하자고 했다.

그녀는 신랑을 다시 모시겠다고 정성을 기울였다. 아무리 일으키려고 애를 써도 녀석은 맥없이 고꾸라졌다. 눈 뜨기도 버거운 듯 세워놓으면 그 자리에 픽 쓰러지고 세워놓으면 그 자리에 픽 쓰러져서 도무지 몸을 가누지 못했다.

첫사랑

　　　　　서울시 성동구(현 광진구 화양동)에 자리한 중국집에서 일하게 되었다.
　식당은 2층이었고, 주방에서 주인은 요리하고, 신랑은 면을 빼면서 주방장을 돕는 역할을 했다. 계산대와 식당 홀은 주인의 여동생이 임시로 봐주고 있었고, 배달하는 청년이 한 명 있었다.
　하루 일과가 끝나면 주인은 어디론가 나갔다가 늦은 밤에 알코올 기운이 가득한 채 돌아오곤 했다. 그의 부인이 얼마 전 주방장과 눈이 맞아 바람이 나서 남편을 버리고 어디론가 떠나버린 것이었다. 그리하여 지방에 사는 여동생에게 당분간 계산대를 봐 달라고 부탁했다는 것이다.
　주인의 여동생은 오빠를 닮아서인지 키가 호리호리하고 커다란 눈을 가지고 있었는데 볼수록 슬픈 눈망울이었다. 그녀는 신랑과 동갑인 스무 살이었다.
　그녀는 자신의 과거를 신랑에게 털어놓았다. 열여덟 살 되던 해에 멋진 한 남자를 알게 되었다고 한다. 그는 여덟 살 위의 무척 다감한 사람이었는데, 그의 집에서 피아노를 가르쳐주며 때로는 사랑을 가르쳐주었다고 한다. 그러나 그와의 사랑은 오래갈 수 없었고, 그를 떠나보내고 그녀는 사랑보다 더 깊은 사랑앓이를 하게 되었다고 한다.

밤마다 신랑은 그녀의 방에서 많은 대화를 나누었고, 어느새 두 사람은 입을 맞추었다. 그녀는 꽃보다 향기로운 나이에 터득한 남녀의 오묘한 이치를 하나씩 전수해줬다. 이미 한 남성을 통해 성숙한 그녀는 값비싼 대가를 치르고 배운 사랑을 신랑에게 오롯이 가르쳐주었다.

그러던 어느 날 그 식당에 한 젊은이가 나타났다. 그는 그녀의 미모에 매료되었다. 그녀도 그 젊은이에게 마음을 주기 시작했다. 그녀와 젊은 친구는 자유롭게 소통하였다.

그녀는 신랑보다 훨씬 어른스러웠다.

아! 신랑은 그 사실을 지난 30년간이나 깨닫지 못했다.

그녀는 열여덟 살에 연상의 남자와 사랑을 나누면서 이미 그와 같은 수준에 도달했던 것이다.

이제야 그녀가 했던 말이 생각났다.

"당신이 스물여섯 살만 되었더라면 좋았을 것을!"

어려서 무척 안타깝다는 탄식어린 이 한 마디를 이제야 깨달은 걸 보면 신랑은 그녀와 상대가 되지 못한 건 당연지사였다.

그녀의 관심이 떠나자 신랑은 괴로워서 견딜 수가 없었다.

그녀를 잃고 난 후, 그는 마치 도시 한복판에서 길 잃은 아이처럼 심한 혼란 가운데 갈팡질팡하며 지냈다.

독일문학과 세계문학 모두에 큰 영향을 끼친 괴테는 실연의 고통을 씻어버리기 위해서 불후의 명작 『젊은 베르테르의 슬픔』을 썼다고 한다. 그는 참으로 지혜로운 선택을 한 것이다.

하지만 신랑은 실연의 아픔을 달래기 위해서 시간만 나면 담배를 입에 물었다. 그것으로도 모자라 텅 빈 가슴을 채우려고 술을 마셔댔다. 그리하여 전쟁으로 폐허가 된 도시처럼 몸도 마음도 영혼도 상처투성이가 되고 말았다.

금연

담배는 교회에 다니면서도 끊지 못하였기에 신랑 자신을 괴롭히는 애물단지였다.

어느 날 버스정류장으로 가는 길에 신랑은 습관처럼 담배를 입에 꼬나물었다. 한참 걸어가다가 교회에서 만난 여자 청년과 눈이 마주쳤다. 어찌나 당황했는지 담배를 감추느라 혼비백산했다. 그녀도 황당한 표정으로 신랑을 바라보았다.

신앙은 정결한 생활을 요구한다. 아무리 조심해도 담배를 피우는 사람의 호주머니는 담뱃가루 등으로 지저분하다. 신앙인은 경건해야 한다고 누가 가르쳐주지 않더라도 양심이 자책하고 있었다.

모름지기 양심이란 자신의 행위에 대하여 옳고 그름과 선과 악의 판단을 내리는 도덕적 의식이다. 철학자 임마누엘 칸트는 "양심은 내 마음의 재판관이다."라고 했다. 양심이 가책을 느끼는 것은 사람이 해서는 안 될 짓을 하고 있기 때문이다.

신랑은 시간이 나는 대로 교회에 갔다. 수요예배나 주일예배도 웬만하면 빠지지 않으려고 노력했다. 여전히 담배를 끊지 못한 그는 교회에 갈 때도 양복 안주머니에 담배를 넣고 있었다.

"하나님, 저 교회에 왔습니다."

어느 날 성전에서 하나님께 기도를 하는데, 신랑의 마음속에서 "이 위선자야!" 하는 소리에 깜짝 놀랐다.

신랑은 거룩한 척 교회에 드나들면서도 교인들이 보이지 않는 곳에서는 담배를 꼬나물고 살았다.

물론 여러 차례 금연을 시도했다가는 실패하고, 결심했다가는 자기와 너무 쉽게 타협했다. 마음으로는 피우면 안 된다고 하면서도, 자신도 모르는 사이에 발걸음은 담배 가게 앞에 서 있었다. 우유부단한 성격 때문에 담배를 끊지 못하고 매번 결심이 무너지면서 마음의 고통을 자초했다.

담배에는 어찌할 수 없는 중독성이 있었고, 그 니코틴의 올가미에서 헤어나질 못하고 쩔쩔맸다.

그러다가 대학 입학식 날 아침 후미진 골목길에서 '이것이 마지막'이라며 담배를 쪽쪽 빨았다. '여기서도 담배를 피운다면 나는 사람이 될 수 없다.'라고 결의했다.

지금껏 수많은 실패의 쓴잔을 마셨기에 벼랑 끝에 선 심정으로 자신과 굳게 약속했다. 그럼에도 의지가 약한 그는 또 언제 무너질지 몰라 경계를 늦추지 않았다. 그 금단현상은 정신을 못 차릴 만큼 어려웠다.

영적인 현상이 나타났다. 식사를 하고 나면 담배 냄새가 콧속으로 솔솔 기어들어왔다. 특히 밥을 먹고 난 뒤와 목욕을 하고 난 다음에는 담배가 간절히 그리웠다.

참으로 기가 막힌 현상은 화장실에서 소변을 볼 때마다 나타났다. 담배를 끊은 뒤부터 가래침이 나오는데 거기에 까만 오물이 섞여 나왔다. 그동안 호흡기에 켜켜이 쌓였던 그을음이 가래침에 묻어나오는 것으로 느껴졌다. 가래침이 나올 때는 고약한 니코틴 냄새가 코를 자극했다. 이와 같은 현상이 무려 3개월간 지속되었다.

하나님의 큰 은혜로 신랑의 나이 스물여덟 살에 니코틴중독에서 가까스로 해방되었다. 담배를 배운지 9년 만의 일이었다.

공부, 한의 미학

신랑의 정규 학교 공부는 초등학교 6년이 전부다. 같이 공부하던 동네 친구들 가운데 그를 제외한 전원이 중학교에 진학하기 전까지 신랑은 자신의 집 형편이 극빈자, 즉 생활보장 대상자인 줄 몰랐다.

"할머니는 동네 부잣집에 드나들며 식모나 다름없이 그 댁 일을 거들어주면서 먹을 것을 구해오셨단다. 아무리 배가 고파도, 주인 몰래 가져오는 일은 절대 하지 않았고, 사소한 음식이라도 반드시 허락을 받고 가져오셨단다." 라고 어머니는 지난날 궁핍했던 시절을 말씀해 주셨다. "빈 자루가 똑바로 서기 어려운 것처럼 가난한 사람의 경우 끊임없이 정직하게 지낸다는 것은 실로 어려운 일이다."라고 했던 프랭클린의 말이 생각나서, 신랑은 눈시울을 적시며 할머니께 감사한 적이 있었다.

가정형편 때문에 중학교에 진학할 수 없다는 말에 신랑은 견딜 수 없는 충격과 좌절감에 휩싸였다.

초등학교를 졸업한 지 10년이 지나서, 신랑은 중학교 검정고시에 도전했다. 수년간 객지로 떠돌다가, 스물세 살에 중학교 졸업장을 취득하기 위하여 고향으로 돌아와 책상에 엎드렸다.

1년에 두 번 시행하는 검정고시 시험, 그때마다 응시했다.

중학교에 진학하지 못한 아픈 추억, 그 멍에를 벗기 위한 몸부림 끝에 2년 만에 중학교 졸업자격 검정고시에 합격했다.

그러나 그것만으로는 뭔가 부족했다.

이번에는 고등학교 졸업을 목표로 도전했다. 고등과정은 3개월간 야간 검정고시학원에 다녔다. 그럼에도 수학에는 자신이 없었다.

마음의 근심이 컸던 것일까! 어느 날 잠을 자다가 시험 보는 꿈을 꾸었다.

이미 시험이 시작되었다. 지각한 것이다. 송구스러운 마음으로 시험 감독관에게 다가가 시험지를 받았다. 그런데 그 시험지엔 빨간 볼펜으로 정답이 표시되어 있었다. 감독관 선생님이 표시해 놓은 것이었다. 망설임도 없이 신랑은 그대로 답안지에 옮겨 적었다. 잠에서 깨어났지만, 꿈에서 본 정답이 또렷하게 떠올랐다.

진짜 시험을 보는 날이 되었다. 수학 시험지를 받고 앞의 몇 문제를 풀어보니 꿈에서 가르쳐 준 답과 일치했다. 신기한 일이었다. 또 2년 만에 고등학교 졸업자격 검정고시에 합격했다.

그로부터 20년이 지난 2003년 봄, 떨리는 마음으로 한국방송통신대학교의 문을 두드렸다. 그리하여 5년 후엔 새까맣게 멍들었던 배움을 향한 응어리들이 하나둘 풀어지고, 해원 성사되었다.

소설가 이청준 작가는 「소리의 빛-南道사람 2」에서 "자기 한恨덩어리를 지니고 그것을 조금씩 갈아 마시며 살아가는 위인들이 있는 듯하다. 그런 사람들한테는 그 한이라는 것이 되레 한세상 살아가는 힘이 되고 양식이 되는 것"이라며 한의 미학을 역설하였다.

그동안 '공부 때문에 맺힌 한恨이 삶의 원동력으로 삼아 온 사람이 바로 나 자신이구나' 싶은 생각이 들었다.

쏠쏠한 각시

　　　　보름달을 닮은 각시의 얼굴은 신랑의 가슴을 환하게 비추이는 달님이다. 그녀의 머리카락은 칠흑같이 검고 숱도 많고 눈썹 또한 짙다. 마음씨를 닮은 두 눈은 크고 시원시원하다. 웃음 띤 눈동자는 참으로 맑아 순수 그 자체이고 새까만 눈동자는 신랑을 송두리째 흡수할만한 매력을 담고 있다. 얼굴 중앙에 오뚝한 콧대는 그녀의 자존심을 대변하고 있다. 입술은 건강한 여인들이 그렇듯 붉고 야무진 데다, 촉촉하고 육감적인 도톰한 윗입술이 바깥쪽으로 살짝 뒤집어 까진 것이 꽤 요염하게 느껴진다. 웃을 때는 얼굴 전체가 대낮 같이 밝다. 눈은 눈대로 입은 입대로 활짝 피어난 백합처럼 청순한 향기를 뿜어내는 느낌이다. 그녀의 미소는 온갖 시름을 단번에 잊어버리게 한다.

　　각시의 성격은 명랑 활달하여 앞을 향할 뿐 뒤를 돌아볼 줄 모르는 나그네와 같다. 금세 토라졌다가도 언제 그랬냐는 듯 산뜻한 표정으로 대하여 주변 사람을 깜짝 놀라게 한다. 한번 마음먹으면 그것을 이룰 때까지 최선을 다한다. 또 호기심이 많아 신랑이 하는 행동 하나하나에 유별난 관심을 보이며 신랑이 먹는 것 갖고 있는 것은 다 확인하지 않으면 직성이 풀리지 않는다. 길을 가다가도 사람이 모여 있거나 색다른 것이 눈에 띄면 그냥 지나치지 못하는 사람이다.

 식성이 좋아 사람이 먹는 것은 뭐든지 사양할 이유가 없고 못 먹지 않는다. 특히 과일을 좋아하며 고기와 술도 먹기 시작하면 누구에게도 지지 않는다.

 최근에는 가당치 않는 다이어트라는 말을 입에 달고 살지만 그것은 말뿐 지켜지기 어려운 사항이라 여겨진다.

 어느 때 보면 아무 생각 없이 사는 여자처럼 보이지만 사실은 큰 안목과 그녀 나름대로 계산을 하면서 살아간다. 그 계산법은 그녀만의 계산법일 뿐 세상 사람들의 것과는 사뭇 달라서 막 사는 여자처럼 보이기도 한다. 그래서 어떤 이는 그녀를 '천방지축'이라고 업신여겼다.

 각시는 색채에 관한 감각과 센스가 남달라서 옷을 사거나 어떤 물건을 고를 때 결코 오랜 시간이 걸리지 않는다. 눈으로 하는 쇼핑은 싫어하고 실리적인 장보기를 주로 한다. 하나를 사도 확실한 것을 사서 오랫동안 사용하는 검소한 면이 장점이다.

 각시는 사람을 쉽게 믿어버린다. 그것을 사랑이라는 이름으로 덮고 일생을 살아갈 공산이 크다.

 그녀는 신랑만 보면 일을 시키고 싶어 안달하는 여편네처럼 보인다. 그도 더러는 짜증스러울 때도 있지만 다 포기하고 그러려니 하고 살아야 마음 편할 것 같다.

각시는 기가 센 여자다. 좋게 말하면 기가 꽉 찬 여자이다. 기가 센 그녀와 사는 신랑은 기가 몹시 약하다.

어쨌거나, 사내로 이 세상에 와서 이토록 청순하고 아리따운 각시를 만나 사는 것만으로도 신랑의 인생은 충분히 짭짤하다.

내 인생의 스승

"하나님 아버지! 술을 마시고 싶은 생각이 나지 않도록 역사해주십시오. 제주도 유수암에 있을 때도 거의 날마다 술을 마셨고, 서울에 올라온 뒤에도 술을 마시지 않은 날이 없었습니다. 하나님, 앞으로 술은 소주든 맥주든 그 어떤 술도 마시지 않겠습니다. 저에게 또 하나의 큰 문제는 자위행위입니다. 하나님께서 직접 저의 몸과 마음을 완벽하게 통제하셔서 자위행위를 하지 않도록 역사해주시옵소서."

위 내용은 20××년 6월 15일 새벽에 신랑이 서울시 강동구 길동 성심하숙고시원에서 하늘 앞에 드린 기도이다.

제주도에서 부랴부랴 상경한 신랑은 오갈 데 없는 처량한 신세가 돼 그 고시원에서 절박한 심정으로 기도했다.

그로부터 정확히 4개월 뒤에 하늘은 신랑이 고시원 바닥에서 무릎 꿇고 간절히 기도한 것을 그대로 이룰 수 있는 환경으로 자상하게 인도하셨다.

20××년 10월 26일, 신랑은 서울특별시 송파구 풍납동에 있

는 모 보안업체 직원으로 취직했다. 그곳에서 정말 뜻밖의 한 인물과 같이 근무하게 되었는데 그의 별명別名은 삼금보살三禁菩薩이다. 그 뜻풀이를 해보면, 보살菩薩은 구도자求道者라는 뜻이고, 삼금三禁은 세 가지를 금하는 것인데 첫째 담배를 끊는 금연禁煙, 둘째 술을 끊는 금주禁酒, 셋째 이성 곧 여성을 멀리하는 금성禁性이다. 즉 술과 담배와 여자를 끊고 초연히 사는 것을 신조로 삼는 특별한 사람을 천우신조天佑神助로 만난 것이다.

삼금보살은 신랑보다 여덟 살 연하 양띠의 남자이다. 그는 사랑하는 부인과 아들을 둔 어엿한 가장으로 그 아파트에서 6년째 근무하고 있었고, 그의 직책은 보안센터장이다.

그는 일찍이 31세 되던 해, 새해 벽두에 담배를 끊었고, 41세 되던 생일에는 술을 끊었다 한다. 그는 술을 끊을 당시 이야기를 들려주었다.

41세 되던 생일날, 그는 이제까지 먹고 마시던 술을 완전히 끊고 정결한 몸과 마음으로 새 출발을 하려고 목욕재계를 한다.

그는 개운한 마음으로 중화요리 식당에서 금주를 위한 의식을 거행한다. 생의 마지막 술을 마시고 바야흐로 금주의 세계로 들어가려는 것이다.

그는 식당에 자리를 잡고 앉아서 최고급 안주인 유산슬을 한 접시 시켜놓고 중국을 오가며 즐겁게 마시던 술, 무려 56도짜리 이과두주二鍋頭酒를 가져오도록 한다. 두 번 다시 마실 수 없는 술, 술잔에 이과두주를 부어놓고 잠깐 명상을 한 다음 잔을 들어 술맛을 음미하면서 비로소 술 없는 세상에서 맑은 자기 정신으로 살아갈 것을 굳게 다짐한다.

다시 소주를 한 병 사 가지고 집으로 돌아와 2차 의식을 거행한다. 상 위에 소주 한 병과 주발을 놓고 큰절을 한 다음 주발에 소주를 가득히 붓고 두 손으로 잔을 들어서 단숨에 마신다. 그리고 이부자리를 펴고 한숨을 푹 자는 것으로 금주를 위한 전체 의식을 마친 것이다.

금주를 실천하는 것은 결코 만만치 않다. 먼저 주위 사람에게 이제부터 술을 마시지 않는다는 것을 선포해야 한다.

첫 번째 시험대는 직장 상사의 술잔을 거절하는 것이었다. 상사의 술잔을 거절함으로서 사표를 내게 될지언정 안 마신다는 각오로 술을 거부했다고 한다.

그는 단순한 금주禁酒가 아니라 평생단주平生斷酒를 목표로 했던 것이다. 죽는 날까지 술을 입에 대지 않겠다는 결연한 의지다. 그의 기준은 단 한 방울의 술도 허용하지 않는 것이다. 언제 어떤 자리에서 어느 누가 술을 권한다 해도 처음 각오한 기준을 고수하는 것이다.

그는 목숨 걸고 단주해야 한다고 주장한다. 목숨을 건다는 것은 목에 칼을 대고 술을 강요하면서 술을 마시면 살려주고 마시지 않으면 죽인다 할 때, 칼 맞아 죽으면 죽었지 술을 마시지 않는다는 각오로 살아야 한다고 주장한다.

금성禁性은 자기 아내 이외의 여자와는 절대 성관계를 하지 않는 것이다. 그리고 한 단계 더 나아가 자위행위를 금하는 것이었다.

삼금보살도 청춘 시절엔 누구 못지않게 자위를 했다 한다. 심지어 하루에 일곱 번의 자위행위를 한 기록이 있다고 고백했다. 그는 어느 모로 보나 대단한 고수高手였다.

하여튼 그가 어떤 계기로 삼금을 실천하게 되었는지 그 내막은 알 수 없으나, 자기 스스로 삼금을 지켜나가는 삶이 매우 신성해보였고 신랑에겐 뜻밖의 충격으로 다가왔다.

어찌 보면 그는 특정 종교를 신봉하지도 않고, 종교적 틀 안에서 신앙을 하지는 않지만, 삼금三禁이 곧 그의 가치와 자존감을 드높이는 그만의 신앙이요, 가치관이라는 생각이 들었다.

그는 하나님도 신랑을 믿고 맡길 만큼 양심 기준이 탁월한 사람이었다. 그는 신랑이 하늘 앞에 기도한 두 가지 조건을 완벽하게 승리할 수 있도록 주도적 역할을 담당했다.

신랑을 처음 만난 날부터 그곳에서 일을 그만두는 마지막 날까지 변함없이 조언을 아끼지 않았고, 연약한 다리에 단단한 근육이 생기도록 결정적 역할을 해줬기에 주저함도 비틀거림도 없이 대번에 일어설 수 있었다.

마침내 일어서다 1
― 단주斷酒의 길 ―

"형님, 생각해 보세요. 술을 좋아하면서 끊는 것과 목숨 걸고 끊는 것은 차이가 있습니다. 술을 얼마나 좋아하면 목숨 걸고 끊겠습니까? 너무 좋아해서 끊을 수 없을 것 같기 때문에 목숨 걸고 단주斷酒를 하는 거예요."

"술을 왜 끊어야 하는지 명확하네요."

"술을 마시면 기분이 좋지 않습니까? 술을 마셔서 이득이 발생하면 먹고, 실이 발생하면 안 먹어야지요. 그렇지 않습니까? 만약에 술을 먹어서 얻는 게 많고 먹지 않아야 할 때 안 먹을 수 있다면 끊을 필요가 없습니다. 그러나 얻는 것보다 잃는 것이 많다는 확신이 서고, 얻을 건 없고 잃는 것밖에 없다면 바로 끊어야지요."

"참 좋은 말씀입니다."

"문제는 '그것을 뼈저리게 느끼느냐?' '그것을 실천할 수 있느냐?' 하는 것이고, 마음가짐이 가장 중요합니다."

"어떤 마음을 가져야 합니까?"

"술은 이 지구상에는 없고 내 삶에는 술이 없다고 생각해야 합니다."

"이 세상에는 내가 마실 술이 아예 없다는 거네요."

"사람들이 '나는 알코올 중독자다.' 말은 쉽게 하지만, 내심은 쉽게 인정 못 합니다. 그리고 절주節酒의 유혹에 빠져서는 안 됩니다. 알코올 중독자는 절대 절주가 안 됩니다."

"절주할 수 있다면 중독자가 아니죠."

"그게 안 되는 족속이 알코올 중독자입니다."

"목에 칼이 들어와도 안 마신다는 각오가 있어야 합니다. 술자리에서 강요는 핑계 사유가 될 수 없습니다. 내가 어떤 상황에서도 거부할 수 있어야 합니다. 그것이 술이라는 것을 인지하고 확신하고 그것을 먹으면 절대 안 된다는 것을 결의해야 합니다."

삼금보살은 시간 나는 대로 술의 폐해와 왜 술을 끊어야 하는지를 들려주었다. 그의 단주에 관한 단호한 결심과 생생한 체험담을 들으면서 신랑은 자신을 돌아보면서 고맙기도 하고 내심 부끄럽기도 했지만, '나도 술을 끊어 보자' 하는 각오를 하게 됐다.

신랑은 23세 때 술로 인해서 가혹한 죽음의 고비를 넘기고 난 이후 40세까지는 술 없이 무난히 지냈다. 그러다가 42세 무렵부터 다시 시작한 음주는 2008년 3월, 수필가로 등단한 때부터 문학이라는 미명美名 아래 음주의 전성기를 구가하였고 20××년 즈음엔 알코올 중독 증세가 가파른 상승곡선을 그리고 있었다. 오죽 했으면 그 내용을 놓고 하늘 앞에 눈물을 흘리며 간절한 기도를 했겠는가.

그는 이미 몇 번의 금주를 결심했다가 실패한 씁쓸한 기억이 있었다. 하지만 이번에는 반드시 술을 끊어야 한다는 결심을 했다.

20××년 12월 1일, 신랑은 드디어 단주斷酒에 돌입했다.

삼금보살은 단주에 도움이 될 지도 모른다며 〈단주조아斷酒照我〉라는 카페를 소개해주었다. 신랑은 그 카페에서 또 다른 세상을 만나게 되었다. 알코올 중독으로 병원에서 치료를 받은 적 있는 회원이 수두룩했다. 그들의 한 마디 한 마디는 신랑의 가슴을 파고드는 소중한 금언金言이었다.

"첫 잔을 피하라."

경험자들은 이구동성으로 말한다. 어느 자리에서도 첫 잔을 마시면 안 된다는 것이 철칙이었다. 알코올 중독자는 첫 잔을 마시면 자동으로 끝까지 달리게 된다.

"내게 한 잔은 너무 많고 열두 잔은 모자라다."

역설적으로 들리는 이 말도 알코올 중독자에겐 매우 설득력 있는 말이었다.

술을 마시지 않기로 하면 한 잔도 많지만 마시자고 들면 열두 잔도 턱없이 모자라다는 것이다.

"세상에서 가장 무서운 것은 정신병이다. 죽고 싶어도 죽지 못하는, 암이나 에이즈보다 더한 중증으로 신음하고 있다. 이 병은 천하의 명의도 도움은 줄지언정 고치지는 못한다. 자기 자신이

술에 항복하고 시작하는 것뿐이다."

그들의 처절한 몸부림이 느껴지는 경험담과 댓글이 신랑에겐 큰 자극이 되었고, 날마다 마음을 단속하는데 상당히 큰 힘이 되었다.

술은 인생의 빈틈이다. 사고가 생길 수 있는 빈틈이다. 술을 마시지 않으면 이성 간의 성적문제 발생 확률은 극히 낮아진다. 술에 취하면 견고한 이성의 벽이 무너지기 때문에 어떤 사고를 낼지 예측할 수 없는 것이다. 술은 잠재된 감정을 무한히 증폭시킨다. 술은 인생의 빈틈이지만, 알코올 중독자에게 술은 치명적인 함정이다.

신랑에겐 진짜로 어려울 것만 같던 술, 그것을 과감하게 끊고, 단 한 방울의 술도 입에 대지 않고 하루하루 무심하게 보낼 수 있었던 것은 삼금보살이 수호신처럼 버티고 있었기에 가능한 일이었다.

"형님! 항상 건강 조심하시고, 술은 절대~ 절대~ 단주하시고 즐겁게 만난 것 많이 드시길 바랍니다."

그는 카카오톡 인사에서도 단주할 것을 신신부탁한다.

"술은 삼금보살 선생님 가르침대로 목에 칼이 들어와도 안 먹는 것으로 해놨으니 걱정하지 마십시오, 선생님!"

알코올 중독자의 비참한 최후를 아는 이들은 서로 다독이며 오늘 하루를 진지하게 살아내고 있다.

마침내 일어서다 2
― 금딸의 길 ―

신랑은 단주와 함께 자위행위도 끊겠다고 다짐했다. 이 내용은 다만, 하늘 앞에 기도하면서 시작했다.

삼금보살 역시 신랑과 같은 양심의 가책을 감당하지 못해 결국 삶의 가장 커다란 장애물로서 자위행위를 취급하게 된 것이리라.

"남녀 간의 섹스sex는 곧 부부 관계에서만 허용하는 것이고, 내 아내 이외의 어떤 여자와도 섹스를 하면 안 된다."

그는 금성禁性의 주제에 대해서, 아내 이외의 여자에 관해서 위와 같은 철벽의 기준을 세우고 있었다.

"이제부터 내 삶에 자위행위는 없다. 그 어떤 사유도 자위행위는 정당화될 수 없다."

신랑은 자기 나름대로 기준을 정하고, 이 해결책을 모색하다가 금욕카페를 찾았다.

그 카페에서도 새로운 세상을 만날 수 있었다. 회원의 대부분은 남자였는데 익명의 공간이다 보니 정말 자신의 고민을 적나라하게 털어놓고 그것을 타개하려고 몸부림치는 모습이 인상적이었다.

"미안하지 않냐? 니 인생에 대해서, 지독하게 한번 해 보자."
"음란 전쟁에서 승리하자."
"나 자신과 싸움에서 이길 수 있기를!"
"야동 가지고 하루 종일 씨름했습니다. 어느 사이트에서 이제 껏 듣도 보도 못한 여자가 나오는데 심장이 멎는 줄 알았습니다. 그 여자의 유혹, 수많은 욕정이 눈앞을 가로막고 노예가 되었지만 그냥 지나갔습니다. 안 보는 것이 최선임을 다시 깨달습니다. 선을 넘기 전에 코드를 뽑아버렸습니다."

이 카페에서 자연스럽게 통용되는 은어隱語가 있었다.
〈자위행위〉를 〈딸딸이〉라 하고, 딸딸이를 금지한다는 말을 〈금딸〉이라 한다. 금딸을 하다가 다시 자위를 하게 되는 걸 리셋reset이라 한다. 또 음란물淫亂物을 금한다는 의미의 금란물禁亂物이 사용되고 있었다.

"금딸이란 존재하지 않는다. 딸딸이엔 휴식기간만이 존재할 뿐이다."

어느 청춘은 금딸은 있을 수 없는 것으로 규정하고 있었다.

"금딸은 신神의 영역입니다. 인간이 하고, 말고 수준이 아니에요."

어느 청춘의 고백이다. 그만큼 금딸이 어려운 일이라는 얘기일 것이다.

금딸을 하다가 리셋하게 되는 상황은 각자 다 다르겠지만, 대부분의 경우 음란물(야한 동영상), 야한 사진, 야설 등을 보고 충동을 억제하지 못하여 리셋하게 되는 경우가 가장 많다 할 수 있다.

역시 금딸의 세계도 만만치 않다는 것을 확인할 수 있었다.

정말 낯 뜨거운 일이지만, 금딸조차 한 달 이상 실행한 적이 없었던 신랑의 인생이다. 그러나 미쳐가는 정신을 가다듬어 단주를 결심한 터에 금딸도 못할 것 없다는 자세로 시작했다. 이 결심은 240일간 유효했다. 잘 나가다가 그만 음란물의 덫에 걸려서 리셋하고 말았던 것이다. 실로 허탈한 일이었다. 한 번 무너진 금딸은 그 뒤로 흐지부지 몇 개월이 지나갔다. 그리고 20××년 1월 1일부터 새롭게 금성禁性의 세계로 들어갔다. 이제는 두 번 다시 자위행위를 하면 손을 자른다는 결심으로 하루하루를 살아내고 있다.

삼금보살은 성에 관해서도 자신의 경험담을 솔직하게 들려주었고, 그 교훈적 가르침은 신랑이 금딸을 수행함에 있어서 금과 옥조처럼 굳건한 발판이 되었다.

2부

부부의 희열

똘똘이는 똘똘하다

각시 역시 섹스를 싫어하지 않는 눈치이다. 그녀의 좋은 점은 스스럼없이 행동하는 것이다. 결코 내숭을 떠는 여자가 아니다. 특히 사랑에 있어서 자유로운 영혼의 소유자라는 것이 얼마나 다행스러운지 신랑은 하늘 앞에 감사드린다.

각시는 곧잘 옷을 홀랑 벗은 채 집안을 활보한다. 봉긋한 젖가슴을 겨우 감싸는 브래지어와 손바닥 크기의 팬티로 몸을 가린 채 안방과 거실 그리고 부엌에서 거리낌이 없다. 신랑도 처음엔 낯설었으나 이제는 그런 모습을 볼 때마다 기분이 좋기만 하다.

잠자리에서도 각시는 옷을 하나도 입지 않는다. 그녀의 수면 습관은 그 나름대로 일리가 있었다.

여성은 대개 몸에 꽉 끼는 팬티를 착용한다. 그 팬티 고무줄이 하체를 울혈상태로 만들어서 호르몬 분비가 둔해짐으로서 생리불순이나 생리통의 원인이 되기도 한다는 것이다. 몸을 죄는 것은 팬티만이 아니라 브래지어, 팬티스타킹, 거들 그리고 몸을 모아주고 교정하는 속옷들이다. 잘 때만이라도 몸을 죄는 옷의 속박에서 벗어나 순수자연인이 되는 것이 혈액순환에 매우 좋다는 것이다.

남성의 경우도 생식기가 질식하지 않게 하려면 알몸으로 자는 것이 좋다 한다. 그 이유는 바람이 솔솔 들어와 쌍방울(불알)을 딸랑딸랑 흔들어주면 사타구니가 언제나 보송보송하고 시원하여 혈액순환이 잘 이루어진다는 것이다.

옛날 조선시대 왕들도 옷을 다 벗고 주무셨다 한다. 또 당대의 고관대작들도 모든 옷을 벗어던지고 자는 사람이 적지 않았다 한다. 그리고 그 당시 궁에 살던 궁녀들도 알몸으로 잤다는 전설이 있다. 그녀들은 피부에 충분한 휴식을 주고, 피부의 탄력 유지를 위해서 알몸으로 잤다는 것이다.

"여보, 이게 뭐예요?"

어느 날 각시는 아랫도리를 더듬다가 신랑의 성기를 살짝 쥐고 물었다.

"음, 똘똘이요."

"하하하하……."

그녀는 신랑의 대답을 듣고 폭소를 터뜨렸다.

"왜 똘똘이예요? 똘똘하게 생겨서 똘똘이예요?"

"상당히 재치가 있거든요. 내가 당신을 보고 흥분하면 스스로 알아서 쓸모 있게 커지죠. 그리고 내 몸 어느 곳보다 더 빨리 느끼고 반응하는 걸 보면 똘똘하죠."

"똘똘하네요. 하하하하."

그녀는 한참을 뒹굴면서 자지러졌다.

"똘똘이가 말 귀도 알아듣습니다."

"네, 말 귀를 알아들어요?"

"어떤 때는 내 의지와 관계없이, 아무데서나 커져서 곤란할 때가 있거든요. 그럴 때 내가 한 마디 하죠."

"뭐라고 하는데요?"

"어허! 주인 허락도 없이 아무데서나 함부로 커지면 어떻게 합니까? 자중하세요."

"똘똘이가 그 말을 알아들어요?"

"그럼요. 바로 풀이 죽으면서 시무룩해집니다. 똑똑하죠."

그 후부터 신랑의 성기는 일명 "똘똘이"가 되었다.

"어디 우리 똘똘이 잘 있나 보자."

오늘도 잠자리에 들자 각시는 신랑의 사타구니에 손을 쓱 넣는다. 마치 어린 아들이 100점 맞은 시험지를 엄마 앞에 자랑스럽게 내밀 듯 신랑은 가랑이를 벌려서 그녀의 손놀림을 도와준다.

평소에는 한없이 얌전한 똘똘이지만 각시의 손을 만나면 순식간에 원기를 회복하여 고개를 쳐든다. 무심코 건드린 똘똘이가 정색을 하고 단단한 놈이 되어 뜨겁게 달아오른다.

"여보, 할까요?"

용기백배한 성기를 감지하고 신랑에게 묻는다.

"당신이 원하면 해야죠."

신랑은 기다렸다는 듯 각시의 유혹에 살짝 넘어간다.

[기도] 사랑하는 아버지 하나님!
늘 함께해 주시는 사랑에 감사드립니다.
오늘 이 고요한 밤 거룩한 밤에
저희 부부가 기쁘게 사랑을 나누고자 하오니
함께해 주시기를 바랍니다.
기쁨이 넘치게 하시고 환희에 젖는
즐거운 시간이 될 수 있도록 인도해주시옵소서…….

촛불을 켜고 부부는 하늘 앞에 기도를 드린다. 이번에는 순서에 따라 각시가 신랑을 향하여 큰절을 한다.
"여보, 빨리 와요."
각시는 혀를 길게 내밀면서 두 팔을 한껏 벌린다. 애교 만점, 사랑 만점, 정감 만점인 그녀의 몸짓에 신랑의 몸이 후끈 달아오른다.
한 몸으로 얼크러진 부부는 입으로 기를 교환한다. 하루 종일 참았던 그리움이 폭발하는 순간이다.
단단하게 무장한 신랑의 똘똘이는 오묘한 생명의 샘, 각시의 생식기 문을 두드린다. 그녀의 입에서 신음소리가 저절로 새나온다. 똘똘이는 대환영을 받으며 그녀의 신비한 궁전으로 늠름하게 입성한다.

천지를 기쁨으로 가득 채우고 흥분의 도가니로 몰아넣는 똘똘이와 만남을 그녀는 늘 기꺼워한다.

신유의 정사

　　　　섹스다이어트는 비만에 시달리는 현대인이 선호하는 것이다. 이는 부부가 사랑하면서 부수적으로 아름다워지는 다이어트 효과도 누릴 수 있는 섹스를 일컫는다.

　각시도 섹스다이어트는 정말 여성의 건강을 위해서 좋은 방법일 거라며 엄지를 척 세운다.

　신혼 초기에는 섹스다이어트는 생각조차 하기 어려웠다. 그 이유는 신랑의 허약한 몸 탓이었다. 원래 부실한 몸을 제대로 관리하지 못하고 살아온 신랑은 각시를 만났을 때는 건강이 몹시 좋지 않았다. 첫째, 호흡기가 나빠서 늘 감기에 노출돼 골골거렸다. 게다가 알레르기성 비염鼻炎이 문제였다. 또 신경성 위염은 신랑을 더욱 위축되게 만들었다. 그리고 쉽게 피로를 느끼는 걸 보면 간장肝臟도 그리 건강치 않음을 알 수 있다.

　오장육부가 영계靈界라고 각시는 말한다. 신랑의 영계는 노상 시끄럽다. 날마다 문제를 일으킨다. 일 년 열두 달 폐의 영계는 구름이 끼고 바람이 불고 비가 내린다. 그 영향을 받은 호흡기는 불통의 답답함을 안고 어려움을 감내하면서 지낸다. 위장胃腸 영계는 시시각각 밀려오는 물량을 소화해 내지 못하는 무능함을 매일 반복한다. 위와 폐의 영계에 비상사태가 벌어지면 다른 영계도 덩달아서 초긴장 상태에서 뜬눈으로 날을 새는 날이 늘어난다.

그럼에도 신랑이 각시와 정사를 벌이는 그 시간에 사랑의 하나님께서 특별한 은총을 베풀어주신다. 철없이 살아온 신랑의 과거를 불문에 부치시고 하늘의 신성한 사랑의 기운을 들이 부어주신다.

부부가 침실에 드는 성스러운 그 시간, 하나님께서 부부의 사랑에 친히 왕림하신다. 하나님의 거룩한 사랑의 기운이 침실을 에워싸는 것은 물론 부부의 생식기를 중심하고 일체가 되는 그 자리에 신성이 운행하신다.

신랑과 각시는 우선 하나님께 기도를 드린다. 그리고 각시는 신랑에게 정중하게 큰절을 한 다음 사랑을 나눈다.

신랑은 침대에 반듯하게 누워서 다리를 곧게 뻗는다. 각시는 그 위에 걸터앉아 두 무릎을 바깥쪽에 두고 서로 마주하는 기마위騎馬位-(말 타는 자세)를 취한다. 이 체위 자체로 각시는 적극적이 된다. 그녀는 두 손으로 신랑의 배를 짚고 몸을 지탱하면서 머리를 숙인다. 이 자세에서 신랑의 생식기를 그녀의 생식기에 넣고 전후 운동을 하면서 서서히 마찰한다.

각시의 몸은 하나님의 체體가 된다. 그녀의 손은 마치 지뢰탐지기로 땅속에 묻힌 지뢰를 탐지하듯 신랑의 배를 꾹꾹 누르며 짚어보고 만지면서 나쁜 기氣를 찾는다. 그 기를 찾으면 그 장기 위에 손을 대고 허리를 움직인다.

독특한 병 치료요법이다. 그녀의 손에서 레이저광선과 같은 신성한 기운이 방출된다. 손끝과 손바닥에서 무형의 무수한 힘이 발사된다. 병들어 있던 장기臟器에서 병마를 품었던 사기邪氣가 초죽음 돼 분리된다. 그 사기는 곧바로 신랑의 생식기(파이프)와 연결된 각시의 생식기로 모조리 빨아들인다. 그녀는 생식기로 흡수한 사기를 자신의 입을 통해서 토해낸다. 그녀는 트림을 연발한다. 그 트림은 곧 신랑의 오장육부에서 분립된 나쁜 가스가 배출되는 현상이다.

섹스의 패턴을 그대로 유지하는 가운데 그녀의 허리와 하체는 쉴 새 없이 움직인다. 그것은 전후 동작이 되었다가 원형운동이 되기도 한다. 그녀는 하나님의 실체요, 의사이면서 간호사요, 사랑의 파트너이면서 따뜻한 모성을 지닌 여인의 모습으로 신유의 정사에 몰두한다. 신유神癒의 정사情事는 병을 치료하는 사람이 주도권을 장악하기 때문에 기마위를 취한다.

각시의 신통한 헌신적 정사를 통해서 신랑은 점차 건강을 회복하게 되었다.

한 번의 정사 시간은 대략 1시간 내외이다. 그녀는 고약한 가스를 한 시간 내내 입으로 토해내는 고통을 감수한다. 참 괴로운 것이련만, 그녀는 시종 진지한 태도로 임한다. 단 한 번으로 병을 퇴치할 수 없는 것이어서 여러 차례에 걸친 각시의 헌신적인 봉사가 뒤따랐다.

선악교체 정사

구약성경 〈열왕기列王記 상〉에 보면 매우 아름다운 처녀가 다윗 왕을 모시고 섬겨서 쇠퇴해 가는 정력을 막았다는 기록이 나온다.

또 중국을 비롯한 동서양의 방중술房中術에서도 젊은 여성의 정기를 흡수하여 에너지를 축적함으로서 마음과 몸을 소생시킬 수 있다고 소개한다.

올바른 부부의 성생활을 통해서 성의 즐거움을 얻는 것은 말할 것도 없고, 성생활을 통해서 병을 고쳐 건강을 되찾을 수 있다. 즉 상대의 악한 기를 흡입했다가 토해내고 선한 에너지를 불어넣어 주는 것이다. 이것은 아무나 할 수 있는 것은 아니다.

참된 부부의 정사는 하나님을 중심하고 부부가 일체를 이룬다. 부부가 정사를 통해서 하나가 되는 것은 천지일체의 섭리이며 신인합일神人合一의 원리를 성취하는 행위이다.

신랑과 각시는 기도로 이제부터 사랑을 나누게 됨을 하나님께 보고하고, 각시는 신랑에게 큰절을 한다. 여기까지가 부부의 사랑을 위한 식전 행사이다.

　신랑은 침대에 반듯이 눕고 각시는 그 위에 걸터앉아서 두 손은 가슴을 짚고 말을 타는 자세로 깊숙이 삽입한다. 그녀는 헤엄치듯 허리를 움직이면서 신랑의 생식기 뿌리를 다 삼킨다. 이것이 악성惡性 분립을 위한 준비 작업이다.

　각시는 온몸의 기를 하체에 모아 괄약근을 최대한 확장시킨 다음 신랑의 생식기를 그녀의 생식기로 수축시키면서 악한 기운을 끌어 모아 흡수한다. 그리고 아랫배에 결집시킨 악한 기운을 자신의 생식기를 통해서 입으로 토해낸다. 흡사 트림할 때와 똑같은 소리를 내면서 수없이 토해낸다. 이것은 구토에 가까운 트림이다. 악한 기운을 입으로 연신 토해내는 모습은 처절하다.

　나쁜 기운을 생식기에서 바로 끌어 올리는 동작은 척추를 곧게 세우고 턱을 앞으로 당기면서 입으로 트림을 연발하는 것이다. 타락으로 찌든 인간의 악한 기운을 각시는 온몸을 사용해서 세탁한다.

　그때 단순히 악성만을 뽑아내는 것이 아니라 자신의 몸속에 내재된 선善한 기를 반대 경로를 통하여 주입시킨다. 그녀의 생식기와 신랑의 생식기는 서로 연결된 파이프 역할을 한다. 악한 기를 뽑아내는가 하면 선한 에너지를 불어넣는 놀라운 기능을 수행하는 기관이 된다. 이러한 정사를 나누고 나면 그녀는 굉장히 힘들어 한다.

　참된 부부의 정사는 인간을 재창조할 수 있다. 악한 여자는 선한 남자를 악하게 만들기도 하지만, 선한 여자는 악한 남자를 선하게 만들 수 있다.

　신랑은 각시와 수차례에 걸친 선악교체 정사를 통해서 악성을 씻어내고 선한 하나님의 참사랑을 수용할 수 있는 진정한 남자로 거듭나게 되었다.

부부 생활의 예의

"여보, 우리 음양기도해요."

부부마다 사랑을 위한 신호가 있을 것이다. 신랑과 각시는 그 신호信號를 "음양기도"로 한다. 오늘은 각시가 먼저 신호를 한다. 이렇게 속마음을 선뜻 이야기할 수 있는 것은 신랑에 대한 전적인 신뢰와 끈끈한 사랑이 있기 때문이다.

"좋지요."

신랑은 한 치의 망설임도 없다. 어차피 부부는 사랑하기 위해 만난 거 아닌가.

"단, 사정하면 안 돼요."

각시는 사랑의 조건을 내세웠다. 사정을 하지 않는 것이다. 남자의 생리를 간파한 각시의 오묘한 요구사항이다. 사정을 하고 나면 그다음 정사가 이루어지기까지 아무래도 시간이 걸리기 때문에 언제라도 각시가 원하면 바로 정사를 나눌 수 있도록 사정을 하지 말라는 조건이다.

"알겠습니다."

신랑은 각시가 원하는 것은 어지간하면 거의 동의한다.

[기도] 하나님 아버지!
저희 부부가
행복한 사랑을 할 수 있도록 도와주시옵소서.
첫사랑과 같은 감격스러운 마음으로
오늘도 황홀한 밤,
감사가 넘치는 밤이 될 수 있도록
내내 함께해주시옵소서…….

오늘은 각시가 하나님께 기도를 드리고, 하늘이 임하시는 신랑을 향하여 큰절을 한다.
어느 해 여름이었다.
하나님께서 부부가 사랑을 할 때는 각시는 남편에게 큰절을 올리라고 하셨다. 이유는 부부가 사랑을 할 때는 하나님께서 남편에게 임하시기 때문에 인간 아무개로 생각해서는 안 된다는 것이었다. 처음에는 쪽팔리게 어떻게 남편한테 절을 하느냐고 머뭇거리다가 지금은 당연히 거쳐야 할 의식으로 여기고 있다. 각시는 거의 나신裸身으로 절한다.
아무리 급해도 기도와 절을 생략하지 못하는 것은 혹시라도 그 절차를 생략하고 사랑을 나누면 흥분이 전혀 고조되지 않고 시시하게 끝나버리기 때문이다. 그런 경험을 몇 번 한 뒤로는 하나님께 이제부터 부부가 사랑하겠다는 기도와 절을 더 이상 생략하거나 건너 뛸 생각을 하지 않는다.

오늘은 각시가 무척 흥분했는지 기도할 때부터 신랑의 생식기가 팽팽하다. 그녀는 박달나무처럼 단단해진 생식기를 입술로 다정히 애무한다. 신랑은 누운 자세로 그녀의 동작을 지켜보고 있노라니 흥분이 고조되었다.

한참 살가운 애무를 받던 신랑은 자세를 바꾸어 그녀를 애무한다.

"여보, 얼른 올라오세요."

한창 애무가 이어지는데 각시는 준비가 됐다고 알려준다.

신랑은 아무 때나 올라가지 않는다. 각시가 간절히 원할 때, 그녀가 기쁜 마음으로 환영할 때를 기다렸다가 올라간다.

뭐든지 때가 있다. 각시한테서 내려올 때도 내려가도 좋다는 허락을 받고 내려와야 후환이 없다.

"내려가도 될까요?"

"안 돼요. 빼지 말고 조금만 더 있어주세요."

아직 내려갈 때가 아니라는 신호가 떨어지면 그때는 그녀의 바람대로 계속 머물러야 한다. 각시가 원하는 대로 그 바람을 채워주면 만사 오케이다.

신랑도 가끔 각시의 마음을 읽지 못하고 실수할 때가 있다. 그럴 땐 물어 봐야 한다.

"어떻게 할까요?"

물론 각시도 신랑에게 적절한 신호를 보낸다. 무조건 자신의 욕심대로 하지 않는다. 사랑은 두 사람 다 기쁘고 즐거운 시간으로 가득 채우는 것이 무엇보다 우선해야 한다.

신랑은 각시 앞에서 무릎을 꿇고 먼저 생식기 귀두로 그녀의 상태를 확인한다. 그녀의 생식기에 귀두를 삽입하고 상하로 좌우로 그리고 오른쪽 왼쪽으로 작은 원을 그리듯 질구를 휘젓는다. 이것이 소위 각시의 심리적 성감을 높이는 방법이다.

"빨리 들어오세요."

각시는 애가 타는 소리로 문을 열고 환영한다. 신랑은 그녀의 성스러운 문을 활짝 열고 위엄 있고 활기차게 입성한다. 대망의 삽입이다. 흥분이 가파르게 고조되면 같은 삽입이라 해도 느끼는 정도가 강렬해진다. 각시는 그 환희를 차마 말로 표현 못하고 다만 감동에 젖어 두 눈을 지그시 감는다. 그리고 두 팔로 신랑을 꽉 안고서 몸놀림하기에 정신이 없다. 신랑은 지극한 환대에 기쁨을 감추지 못하고 한층 분발하여 율동에 박차를 가한다.

각시의 두 다리를 V자 모양으로 신랑의 어깨에 올려놓고, 하체를 압박하면서 과하다 싶을 정도로 크고 강한 동작으로 상하운동을 한다. 흥분한 각시의 표정과 질에 삽입한 자신의 성기를 한눈에 보면서 피스톤운동을 하기 때문에 신랑의 흥분지수는 급상승한다. 리듬이 격렬해질수록 각시의 호흡도 신랑의 호흡도 거칠어진다. 신랑은 각시의 몸놀림에 넋을 잃을 때가 많다. 교성 또한 일품이어서 그녀가 내지르는 소리만으로도 환희에 들뜬다.

그다음 체위는 좌위다. 신랑의 넓적다리 사이에 각시를 앉히는 자세다. 이때 허리를 받치면서 그녀의 몸을 약간 뒤로 기울이면 신랑의 성기와 각시의 질의 각도는 마주보는 방향이 완전히 일치한다. 이때 생식기의 일체감은 많은 체위 중에서도 단연 최고다. 신랑의 허리운동이 없더라도 각시의 성감은 깊어진다. 각시는 이 자세에서 대단히 흥분한다. 서로 상기된 얼굴을 마주보고 앉아서 열렬히 사랑하기 때문이리라. 신랑의 허리를 두 발로 안은 자세로 각시의 허리 움직임은 눈부시도록 찬란하다. 신랑은 두 손을 이용해 풍만한 둔부를 거들어주면 호흡은 갈피를 잡지 못한다. 그러다 각시의 허리를 두 팔로 안으면 그녀는 쾌락의 고갯마루에 올라 온몸을 뒤틀며 쓰러진다.

첫 번째 음양기도는 각시에게 최고의 기쁨을 선사하면서 끝났다.

미리 각시가 부탁한 대로 신랑은 사정하지 않았고, 그의 생식기는 여전히 장대하고 힘이 넘친다.

부부의 관건은 스킨십

"여보, 얼른 음양기도 한번 하고 가세요."

아침에 신랑이 출근을 준비하는데 각시가 얼른 사랑을 하고 가라고 독촉한다.

오늘따라 목소리가 햇살처럼 밝고 명랑하다. 원래 명랑하고 쾌활한 성격이다. 그러나 얼마 전부터 아르바이트를 하게 된 뒤부터 그녀의 불평이 늘고 짜증이 많아졌다.

"천운을 타려면 불평하지 말고 기도를 많이 하세요."

각시에게 기도를 하라고 부탁했다. 기도다운 기도를 할 줄 아는 각시이기에 기도하기를 충고한 것이다.

신랑의 마음을 알아차렸는지, 기도한 덕분인지 마치 구름 한 점 없는 하늘처럼 맑고 밝은 분위기이다.

그녀가 하나님께 보고기도를 드리고 벌거벗은 모습으로 신랑에게 큰절을 한다. 언제 봐도 탱탱하고 건강한 각시의 몸매다. 그녀의 섹시함은 건강하게 빛나는 외모보다 솔직함과 당당함이다.

그녀는 스킨십을 좋아한다. 잠자리에서도 살과 살을 맞대고

자는 것을 바라고, 손이라도 꼭 잡고 자려고 한다. 신랑이 원한다면 언제라도 그녀는 알몸을 대고 자는 것을 좋아한다. 알몸으로 자면 부부 사이가 좋아질 수밖에 없다. 신체 접촉이 자연스러워지고 살짝만 움직여도 맨살이 닿아서 온몸의 감각을 예민하게 느낄 수 있다.

그녀는 잠자리에 들면 무조건 아랫도리에 손을 넣어서 신랑의 성기를 만지작거린다. 각시는 신랑의 성기를 재미있고 흥미로운 장난감으로 여긴다. 때로는 신랑의 가슴에 얼굴을 묻고 그의 젖꼭지를 만지고 비틀기도 하고 혀로 핥기도 하면서 사랑놀이를 한다. 각시의 기분 좋은 손길을 느끼며 신랑은 단잠을 잔다.

신랑도 이불 속에서 각시의 몸을 만진다. 그냥 만지는 게 아니라 각시의 살맛을 음미하는 느낌으로 피부 아래 잠들어 있는 감각을 느끼고자 손끝에 집중한다. 젖꼭지도 만지다 보면 점차 흥분하는 각시를 느낀다. 이것이 맨몸으로 느끼는 원초적 즐거움이다. 부부는 아무것도 입지 않은 것만으로도 신체 만족지수를 쑥쑥 올릴 수 있다.

각시는 한밤에 신랑의 실물을 보면 자신도 모르게 욕구가 생긴다고 한다. 이렇게 알몸으로 자면 건강에도 좋고 성생활에도 좋은 효과가 있다. 부부가 알몸으로 자는 것은 무엇보다 상대를 기뻐하기 때문이다. 서로 다 벗고 살아도 허물없고 떳떳한 것이 진정한 부부의 모습이다.

"당신 다리를 내 배 위에 올려놓으세요."

어느 날 각시가, 신랑의 발을 자신의 배 위에 올려놓은 채 자고 싶다고 했다.

"왜 그래요?"

"그렇게 지그시 눌러줘야 안정감이 있어서 잠을 깊이 잘 수 있을 것 같아서요."

각시는 키스도 좋아한다. 아침마다 출근 전에 입술, 이마, 오른쪽 뺨, 왼쪽 뺨에 입을 맞추는 인사를 나눈다.

각시는 벌써 자리에 누워서 기다리고 있다. 신랑은 아침부터 빳빳해진 성기를 그녀의 사타구니에 넣고 그녀와 키스에 몰입한다. 그는 혀를 그녀의 입안으로 밀어 넣으니 마냥 기뻐한다. 그와 동시에 신랑은 하체를 상하로 움직이니 가쁜 숨을 몰아쉬면서 신음을 토해낸다.

시간적 여유가 없어서 신랑은 몸을 일으켜 그녀의 생식기에 손가락을 집어넣어 보았다. 물기 오른 새봄의 나무와 같이 훈훈한 기운이 감돌았다.

"빨리 넣어주세요."

신랑은 지체할 시간이 없다. 부풀대로 부푼 생식기를 각시의 몸은 뿌듯하게 받아들인다.

신랑은 늘 각시에게 감사한다. 각시는 그의 생식기를 언제나 기쁘게 환영한다. 그는 각시의 융숭한 대접을 흐뭇하게 생각한다. 신랑은 자신의 생식기가 각시의 기쁨이 되는 것을 최고의 보람으로 생각한다. 각시의 몸속에서 30분은 보통이고 1시간을 버티는 것도 어려운 일은 아니다. 그것은 하나님의 특별하신 배려와 은혜 때문이다. 하나님을 모시고 하는 사랑은 인간이라면 누구나 다 그렇게 사랑할 수 있다고 신랑은 생각한다.

정상위로 율동하던 신랑은 각시를 일으켜 앉히고 마주한다. 각시의 입김이 거세어지고 신랑의 숨소리도 덩달아 가쁘다. 각시는 불과 몇 분 만에 고막이 찢어질 것 같은 소리를 지르면서 뒤로 벌렁 누워버린다.

'이대로 끝나는가?' 했는데 각시는 여성상위 자세로 신랑의 몸을 타고 앉는다.

여성이 주도하기에 적당한 체위가 여성상위라고 한다. 강약 조절, 깊이 조절도 여성이 마음대로 할 수 있는 체위이다. 뜻밖에 운동량이 많아서 다이어트체위라고도 한다.

"여보, 금방 사정할지도 몰라요."

신랑은 머잖아 사정하게 될 것 같은 긴박한 상황을 전달한 것이다.

"절대 사정하지 마세요."

각시는 사정 금지 명령을 내린다.

남자는 사정을 하고 나면 성욕이 급격히 떨어지고 다음 사랑을 할 때까지 시간이 꽤 소요된다는 것을 각시가 터득한 탓이다.

그녀는 신랑을 타고 앉아 느릿한 동작으로 허리를 움직이면서 여유를 부린다. 이토록 여유로운 것은 무던히 친밀하다는 의미이다. 곧 출근해야 하지만 사랑의 주인이 저토록 느긋하시니 신랑은 그저 그녀를 우러러볼 뿐이었다. 그녀는 또 한 번의 절정까지 세 번의 기쁨을 획득하면서 아침 정사를 마감했다.

남자에게 성취감은 말할 수 없는 큰 쾌감이다.

이번에도 신랑은 사정하지 않았다.

"오늘밤에 또 해요."

그녀는 드디어 남자의 맛을 알아버린 듯 퇴근 후의 정사를 예약했다. 원래 정사란 예약된 것일수록 더 애틋해지고 더 흥분되는 법이다.

부부 사이엔 백지장도 벽이다

각시는 얼굴에 '게르마늄 FACIAL MASK'를 하고 있었다.

"자, 오늘밤 예약한 음양 기도를 해야지요?"

아침에 그녀가 한 말을 떠올리며 신랑이 요구했다.

"좋아요. 어쩔 수 없네요. 이대로 하는 수밖에."

얼굴에 팩을 한 그녀는 그 모양 그대로 사랑하자고 한다.

각시는 가면을 쓴 것과 같은 모양새다. 일부러 계획한 것이 아니지만 색다른 맛이 있을 듯 신랑은 호기심이 발동했다.

신랑은 하나님께 보고기도를 드리고 각시는 그 상태로 신랑에게 큰절을 올리면서 사랑이 시작되었다.

각자 자기의 옷을 벗어던지고 각시는 기대되는 표정으로 자리에 누웠다. 신랑은 그녀의 얼굴을 마주보는 자세로 엎드리며 그녀의 가랑이 사이에 곧게 뻗친 생식기를 끼워 넣은 다음 그녀의 가슴을 애무하면서 어우러졌다. 한참을 그렇게 할 수밖에 없었던 것은 키스를 마음대로 하지 못하기 때문이다.

신랑은 키스를 하면서 정사를 생각하고, 키스를 정사 전에 반드시 거쳐야 할 과정으로 생각한다. 키스는 각시에게 들어가는 첫 관문이기 때문이다.

"언제 들어올 거예요?"

각시는 벌써 주인을 맞이할 준비가 끝났는지 재촉한다.

"아니 벌써 준비 됐어요?"

"빨리 들어오세요."

그녀의 꽃봉오리 같은 성소는 주인 맞을 채비가 이미 완료되었던 것이다.

신랑은 비장의 무기를 가지고 각시의 행복한 문에 들어서니 반질반질하게 길이 닦여져 있었다. 그는 더 이상 주저하지 않고 정문을 지나 아늑한 곳으로 발길을 옮기었다. 흥건한 환경이 완벽하게 갖추어진 궁전은 잔치 분위기 그대로였다.

한 장의 팩이지만 얼굴을 가린 상태에서 각시는 완만한 기쁨을 만끽했다. 그리고 앉아서 사랑을 확인하자고 그녀가 제안했다.

이 장면에서 사랑을 할 때는 두 사람 외에는 아무것도 없어야 한다는 것을 비로소 깨달았다. 부부 관계란 살을 맞대고 서로를 느끼는 것이다. 그 안에는 즐거움도 있고 기쁨도 있고, 그 무엇보다 중요한 소통이 포함돼 있다.

얼굴에 붙인 팩, 그것이 무엇이기에 서로의 몸을 자유롭게 탐닉할 수 없는 벽이 되었다. 사랑하는 부부 사이에는 속옷은 물론 종이 한 장마저도 애정을 표현하는 데는 어마어마한 벽이 된다는 것을 매우 간절하게 느꼈다.

동물은 마주보고 교미하지 않는다. 하지만 인간은 얼굴을 마주보며 사랑을 나눈다. 이 정겨운 장면의 특징은 표정을 확인할 수 있고, 눈빛은 물론 상대의 감정 변화를 느낄 수 있는 것이다. 부부가 살면서 거울을 보듯 가까이 얼굴을 마주할 기회가 그리 많지 않은데, 사랑하는 기쁨의 현장에서 상대의 모습을 보는 것은 애틋한 예술이다.

각시는 신랑의 두 어깨를 가슴으로 감싸듯 허리를 움직이며 기쁨의 용광로를 찾아 들어갔다. 신랑도 각시를 적극적으로 도와주면서 그녀가 이르는 쾌락의 높이와 깊이를 가늠해 보았다.

생존의 가치는 그리움이다

"오늘 회사에서 당신을 생각하는데 나의 옹달샘에 물이 흥건하게 고여서 흘러내렸어요."

신랑을 생각만 해도 몸이 은연중에 작동하는 여인이 각시다. 얄궂다 해야 할지 훌륭하다 해야 할지 모르지만 대단한 여자임에는 틀림없다.

"진정鎭靜하시지요. 아무데서나 그러시면 아니 되옵니다."

남자도 때로는 아무데서나 벌떡벌떡 서면 이러지도 못하고 저러지도 못해 난처할 때가 있기에 그녀를 이해 못 하는 건 아니다.

"온종일 그리웠단 말이에요. 그러니까 우리 짝을 맞춰요."

한창 흥분한 각시를 달래줘야 하는 건 무엇보다 신랑이 우선해야 할 일이다.

"좋습니다. 제대로 짝을 맞춰 봅시다."

신랑은 언제나 각시의 의견을 존중한다.

하늘 앞에 기도를 드리고 각시는 정중히 신랑을 향하여 큰절을 한다. 침대 위에 각시가 눕는다. 며칠 째 사정하지 않은 채 사랑을 했기에 각시의 알몸을 보는 것만으로도 신랑의 아랫도리는 빵빵하다.

상기된 표정으로 기다리는 각시, 하루 내내 흥분한 몸으로 견디며 이 순간을 기다렸다는 그녀의 몸 위로 신랑이 몸을 포개면서 입술을 더듬는다. 리듬을 잃어가는 숨결이 뜨겁게 신랑의 얼굴로 퍼진다.

각시와 신랑은 처음부터 마지막까지 사랑을 확인하며 기쁨을 나누는 몸짓으로 말한다. 그 몸짓은 때로는 부드럽게 때로는 조용하게 움직이다가 때로는 격렬한 폭풍으로 변하기도 한다. 부드럽고 작은 몸짓은 잔잔한 쾌감과 즐거움을 몰고 오지만 격렬한 몸의 언어는 거친 파도와 같이 숨 막히는 쾌감을 불러일으킨다.

어느새 침대 시트는 땀으로 축축하다. 각시와 신랑은 연신 숨을 몰아쉬면서 체위를 바꾸어 새로운 기쁨의 활로를 찾는다. 부부 사랑의 조화는 체위의 모양과 상태에 따라 기쁨을 주는 쾌감의 도수가 달라진다.

각시에게 나타나는 기쁨의 척도는 여실히 드러나는 표정과 거친 숨결과 비명에 가까운 교성으로 시시각각 표현된다. 언제부터인가 그녀는 극도의 쾌감을 느끼고 나면 벌러덩 누워버린다. 신랑은 제2, 제3의 기쁨을 선사하고 싶은 충성스러운 마음에 그녀를 일으켜서 신랑 자신의 배 위에 오르도록 부추긴다. 그녀는 느긋한 오후 한적한 정원을 산책하는 여왕과 같이 유장하게 허리를 놀리면서 타오르는 욕망을 마음껏 불태운다.

신랑은 색안경을 쓴 것처럼 때때로 각시의 모습에 도취한다. 어느 때는 18세 소녀 같은 복숭아 빛 얼굴로 보이기도 하고, 20대 초반의 풋풋한 여인과 사랑을 나누는 경험을 할 때도 있다. 문득 풍만한 몸매를 느낄 때는 누나 같은 느낌이 들기도 하고, 신랑의 몸 위에서 한없이 느긋하게 요분질할 때는 그녀의 자궁에서 자라고 태어난 것처럼 인자하고 사랑이 넘치는 여인으로 느끼기도 한다. 상대는 같은 사람이지만, 하나님이 함께하시는 부부 사랑은 하면 할수록 재미가 있고 기쁨이 넘친다.

고작 30분이지만, 그 와중에도 각시는 세 번의 하늘을 찌르는 쾌감과 잔잔한 기쁨을 수없이 느끼면서 짧은 음양기도의 막을 내렸다.

동시에 폭발하기

"오늘은 천천히 합시다."

벌써 일주일째 사정을 하지 않고 사랑을 했기에 신랑의 아랫도리는 각시와 가벼운 포옹에서 바로 발기하는가 하면 평상시 컨디션이 아니다. 온통 피가 아래로만 쏠리고 머릿속은 빈혈로 뒤죽박죽이다. 신랑은 성기에 뜨거운 기운이 포화상태라는 것을 각시에게 일러주었다.

"네, 알았어요."

하지만, 어디 사랑이란 게 생각한 대로 가만가만 할 수 있는 것인가? 불이 타오르면 누구도 주체할 수 없는 것이 사랑의 속성이 아니던가. 말은 천천히 하자 했지만 막상 실전에 돌입하자 상황은 또 불을 뿜었다. 결국 좌위 체위에서 신랑은 사정을 했다. 신랑은 벌써 일주일째 사정을 억제했다가 폭발한 그 쾌감은 환희 그 자체였다.

오르가즘을 한번 억제하고 넘어가면 그 다음에 오는 오르가즘은 훨씬 증폭되기 마련이다. 정사의 쾌감도 소중히 여기고 아끼면 더 큰 즐거움을 기대할 수 있다.

"당신이 사정할 때는 자궁 안에서 불꽃놀이를 하는 것처럼 강한 쾌감을 느껴요."

남자는 누구나 사정할 때 황홀한 기분을 느끼지만, 그 순간 각시도 불꽃이 터지는 쾌감을 느낀다는 사실을 가르쳐주었다.

부부의 오르가즘 타이밍이 제대로 맞으면 육체적 오르가즘과 정서적 일치감이 하나가 되어서 평소의 수십 배의 오르가즘을 체험하게 된다. 즉 두 사람이 동시에 오르가즘에 도달하는 최고의 매력은 육체적 충만감과 정서적 만족감이 극대화된다는 사실이다. 결국 오르가즘은 혼자만의 쾌락이 아니라 정사의 상대자와 더불어 누려야 하는 최고 최대의 성적 희열감이다.

"당신, 코를 골면서 주무시던데요."

오랜만에 사정을 하고 나니 몸이 나른해지고 노곤했던 모양이다.

신랑이 잠에서 깨어나 보니 각시는 며칠 동안 벼르던 빨래를 하고 있었다. 날씨가 춥기 때문에 상의를 입고 하의는 달랑 검정색 팬티만 착용한 채였다. 중간 중간에 "여보!" 하면서 호출이다.

그녀의 세탁 방법은 유별나다. 마침 세탁기가 고장 나서 손빨래를 하게 되었지만 그녀는 발로 빨래를 한다. 큰 고무광주리에 빨래할 물을 넣고 세제를 풀어놓고 1시간쯤 뒤에 세제에 담가놓은 빨래를 발로 밟는다. 옷과 때는 육중한 몸무게에 짓눌려서 항복하면서 분리된다. 그렇게 상당한 시간 밟다가 물로 헹구는 작업을 한다. 여러 차례에 걸쳐서 뗏물을 걸러낸다.

"여보!" 하고 불러서 신랑이 가 보니 각시는 벌거벗은 몸으로 빨래를 한다. 많은 양의 빨래를 하다 보니 더웠던 것 같다. 그녀를 속박하던 옷을 다 벗어버린 모습으로 열심히 빨래를 하고 있다. 신랑은 그 모습도 보기 좋았다. 노래까지 흥얼거리면서 신나게 즐겁게 빨래하는 그 모습은 영화의 한 장면처럼 보기 좋았다.

재미를 보다

"엄마는 아빠랑 저쪽 방에서 재미 좀 보고 올게."
딸아이에게 얘기하고 신랑을 옆방으로 이끌었다.
"대낮에 왜 이래?"
신랑은 낮은 목소리로 각시를 꾸짖었다.
"어때요? 그동안 못했잖아요. 오늘은 낮거리 한번 해요."
큰딸은 안방 컴퓨터 앞에 앉아 있는데 각시가 대낮의 정사를 벌이자는 것이었다. 신랑도 싫지는 않았다.
아무리 급해도 하나님께 기도를 드린다. 그리고 각시는 신랑에게 나부시 절을 한 다음 정사를 시작한다.
어느새 신랑의 생식기는 딴딴하게 무장되었다. 어느덧 흥분하여 곧 돌진할 태세를 갖추고 있었다.
인간과 동물은 여러 가지 면에서 다르다. 그 중에서 포유동물의 생식기는 언제나 몸속에 숨겨두었다가 유사시에만 드러내는 비장의 무기이다. 그것을 몸속에 간직하고 있는 것은 사람처럼 옷으로 보호해줄 장치가 없기 때문이 아닐까 싶다. 평소에도 생식기가 몸 밖으로 나와 있는 것은 오직 사람뿐이다.

또 하나의 차이점은 사람의 생식기에만 뼈가 없다는 것이다. 동물과 다르게 성적 욕망이 일어나면 뼈가 없어도 충분히 사용할 수 있을 정도의 강도强度를 갖출 수 있다. 남성의 생식기야말로 경이로운 기관이다.

얇은 요 위에 각시가 두 팔을 벌리고 신랑을 기다린다. 각시의 입에서 단내가 난다. 사랑을 간절히 바라는 여인의 향기인가. 연하면서도 끈끈하게 감겨오는 단내가 신랑의 입안을 휘돌아나간다.

그 와중에도 신랑은 각시의 사타구니에 생식기를 넣은 채 율동에 한창이다. 이 율동은 그녀를 무척 애태우는 애무의 한 방법이다. 그녀의 생식기 언저리와 허벅지 안쪽을 파고드는 신랑의 생식기 충동질에 그녀는 민감하게 반응한다.

"빨리 들어오세요."

금세 신음이 거칠어지면서 그녀는 구원을 요청한다. 이럴 때 각시의 모습은 잘 익은 과일처럼 육감적이다.

정성껏 차려주는 밥상은 고맙게, 맛나게 먹어야 한다. 최대한 맛나게 먹어야 더 맛난 밥상을 기대할 수 있다.

신랑은 그녀의 두 다리 사이로 들어가 그의 무릎이 그녀의 두둑한 볼기에 닿도록 한다. 신랑은 자신의 생식기를 쥐고 사랑문양쪽을 가볍게 두드리다가 흥건히 고인 윤활유를 귀두에 골고루 바른다. 그녀는 두 눈을 감고 바짝 타오르는 입술에 침을 바르면서 고요히 다가올 충격적 기쁨의 순간을 기다린다. 신랑은 기세 좋게 딴딴해진 생식기를 안으로 천천히 진입시킨다. 그리고 부드럽게 피스톤운동에 시동을 건다. 그녀가 달아오를수록 신랑은 느긋한 동작으로 움직인다. 끓어오르기 시작한 그녀의 가마솥을 서서히 그리고 뜨겁게 불을 지피기 위해서는 조급히 서두르는 것은 금물이다.

두 사람의 생식기가 일체감을 느끼는 상황에서는 큰 동작을 하지 않고 여리고 작은 동작을 반복하는 것만으로 그녀는 잔잔한 기쁨을 느낀다.

무릎을 꿇은 상태에서 그녀의 무릎을 두 손으로 감싸면서 신랑은 궁둥이를 들었다 내리는 단순 동작을 반복한다. 그녀는 벌겋게 달아올라 기쁨이 충만한 얼굴이다.

신랑은 다시 정상위에서 리드미컬하게 하체를 움직인다. 이 체위는 서로 따뜻한 체온을 최대한 공유할 수 있고, 삶의 생기를 충전할 수 있는 자세로 부부의 일체감을 최고로 충실하게 한다.

두 사람의 가슴에서 고동치는 맥박은 쿵쿵쿵 요란하다. 어느덧 그녀의 눈빛이 초점을 잃으면서 열락의 세계에 든 모습이 느껴진다.

잠시 후 늘 새로움을 추구하는 신랑이 그녀를 일으켜 세운다.

이제 그녀는 어떤 체위에도 장단을 맞출 수 있는 기량을 갖추고 있다. 두 사람이 어울리는 공간에는 다양한 정사신이 한 폭의 그림 같이 펼쳐진다. 신랑이 유도하는 어떠한 자세에도 그녀는 당황하지 않고 상대의 기분을 금방 알아차리고 최고의 서비스로 희열을 느끼도록 해준다.

그녀는 신랑의 몸 위에 걸터앉아 두 손을 가슴 위에 놓은 채 허리를 곧게 세우고 허리를 움직인다. 그녀의 관능적인 궁둥이는 좌우 전후 그리고 둥근 원을 그리면서 대담하게 율동한다. 그녀는 음핵을 격렬하게 비벼댄다. 신랑은 다만 각시의 탄력 있는 골반을 두 손바닥으로 감싸면서 예술적인 몸놀림에 감탄한다.

"야, 대단하다. 당신이 최고야!"

"그래, 나 대단하지!"

그녀는 더욱 신이 나서 최선을 다한다. 그녀는 정사에 열정을 쏟아 붓는다. 일상의 모든 스트레스를 정사의 불꽃으로 모두 태워버린다. 그 불꽃은 거친 숨소리를 따라 격렬하게 타오른다.

신랑은 속으로 감탄한다.

'야, 이 맛에 부부가 사는구나!'

그냥 잘 수 없잖아

"여보! 그냥 잘 거예요?"

오늘은 회사에서 그다지 좋지 않은 일이 있었던 각시. 그로 인해서 극도로 흥분하고 속상하고 마음 아파했던 각시가 문득 생각난 듯 신랑의 의향을 물었다.

"응! 그냥 자면 되나요. 합시다."

그날의 스트레스는 그날 풀어야 한다. 신랑은 각시의 스트레스를 풀어줄 의무와 책임이 있다. 그녀가 아프면 신랑은 더 아프다.

먼저 사랑의 주인이신 하늘 앞에 기도를 드리고 그녀는 신랑에게 큰절을 올린다.

촛불을 켜고 침실에 누운 각시는 신랑의 손길을 기다린다.

신랑의 생식기를 각시의 은밀한 곳을 염두에 두고 직각으로 집어넣은 채 허리를 움직인다.

사실 각시는 감도에 있어서 초스피드이다. 마음에서 결정하면 주저 없이 몸이 반응한다. 그녀는 신랑만 바라봐도 성감이 꿈틀

거린다고 한다. 그런 각시에게 전희는 극히 짧더라도 별 탈이 없을 정도이다.

사타구니에 생식기를 끼운 채 2-3분의 몸놀림으로 각시의 육체는 성을 개방한다. 신랑은 서둘러 모양만 하나 됐던 하체를 풀고 생식기의 결합을 시도한다. 각시의 표정은 금세 흥분과 기쁨으로 밝아진다.

"좋아요."

각시는 화창한 기분이 돼 "좋아요."를 연발한다. 오늘 따라 각시는 순식간에 오르가즘에 도달한다. 신랑은 각시의 기쁨을 가늠해 본다. 한 번 정상에 오른 쾌감은 그의 율동에 의해 한사코 정상 주위만 맴돌고 있다. 신랑 역시 각시가 최고 기분 좋은 자리에서 오래 머물기를 마음속으로 바란다. 각시는 신랑의 염원을 저버리지 않는다. 가쁜 숨을 토해내면서 희열의 몸부림을 친다. 희열의 정사는 그 자체가 만병통치약이다.

신랑은 각시에게 또 다른 각도에서 절정의 기쁨을 맛보기를 권한다. 그의 권고에 그녀는 언제나 순종한다. 말을 타는 자세로 각시를 반전시킨다. 그녀는 하루 종일 힘들었던 일들을 잊으려는 듯 자신의 하체를 적극적으로 비벼댄다. 그 몸놀림은 크고 담대하다. 그럴수록 신랑에게 다가오는 기쁨의 물결이 거세다.

각시는 희열이 최고조에 달하는지 몸을 부르르 떨며 방바닥에 쓰러진다.

부부 관계의 규칙은 서로 만족할 때까지 하는 것이다. 중요한 것은 서로 재미를 잃지 않도록 해야 한다. 부부 관계는 재미가 있어야 한다. 영리한 부부는 꾸준히 대화를 하면서 애틋한 사랑을 창조한다.

그녀는 티슈를 뽑아 신랑의 생식기를 조심스럽게 닦는다. 이어서 티슈 한 장을 다시 뽑아 자신의 생식기를 조심스럽게 닦아낸다.

구강성교

　　　　모처럼 맞이한 주말 각시는 카네기에 관한 책에 몰두해 있다. 그녀의 장점은 어떤 것을 좋아하면 그것과 완전히 하나가 되는 것이다. 기도를 할 때는 전화선 코드를 뽑고, 핸드폰 전원도 끄고 골방에 들어가 몰입한다. TV드라마에 열중할 때는 그것 외에는 눈에 들어오지 않는다. 그런 집중력이 있어서 성령의 은사를 받을 수 있었던 것이 아닌가 싶다.

　각시의 집중력은 성생활에서도 그대로 나타난다. 그녀는 성적으로 매우 민감하다. 감수성이 풍부하고 직감도 예리하지만 침실에서는 철저히 봉사하고 정사를 할 때는 무아경으로 들어간다. 밤마다 정사를 요구하는 열정도 있다. 한 번 일러준 체위는 그것을 잊지 않고 실행하는 실천력 또한 최상급이다. 그녀는 성생활의 진짜 즐거움을 아는 여자이다.

　먼저 하나님께 기도하고 또 그녀는 신랑에게 큰절을 올린다. 이 절차는 하나님을 섬기는 부부의 기본 도리이다.

　각시의 입안 깊숙이 신랑은 혀를 넣는다. 한참 동안 주고받다가 신랑이 그녀의 귀를 애무한다. 각시는 귓속에 숨을 불어넣으면 사지가 꼬일 정도로 강렬한 쾌감을 느낀다고 한다. 한창 흥분이 고조되었을 때 귀를 애무하면 질 안쪽이 뜨거워지는 느낌이 들면서 오르가즘을 느낄 때도 있다 한다. 그녀는 감전이라도 된 듯 몸을 움츠린다. 또 다른 귀를 애무하니 그녀는 깊은 숨을 몰아쉰다. 이어서 목 앞쪽에서 목덜미까지 애무를 하는데 그녀는 자지러지는 반응을 한다. 점점 아래쪽으로 애무해 가다가 신랑은 그녀의 생식기에 머문다.

그녀 음핵의 감도는 최고로 좋아서 혀로 빨고 문지르면 숨이 넘어갈 듯 헉헉거린다. 그 협소한 골짜기에 얼굴을 묻고 부지런히 움직인다. 그녀는 참을 수 없는지 양쪽 허벅지를 오므렸다 폈다 하면서 안절부절못한다. 드디어 온몸에 경련을 일으키며 절정에 이르고 만다. 부드러운 혀와 입술만으로 각시는 아리랑고개를 넘어가고 말았다.

각시가 몸을 일으키더니 신랑에게 편안한 자세로 천장을 보고 누우라고 한다. 그녀는 곧바로 그의 사타구니에 얼굴을 묻고 생식기를 조심스럽게 잡았다. 그녀는 귀두 부분을 애무하기 시작했다. 그 순간 그의 몸 전체의 신경이 그녀의 혀를 따라 움직이는 것처럼 느껴졌다. 천천히 부드럽게 애무하는데 두 다리를 타고 전류가 흐른다. 갑자기 발바닥이 야릇한 쾌감과 함께 뜨거워졌다. 그 기운이 온몸으로 확대되면서 구름 위에 누운 것처럼 가벼워졌다. 그녀의 애무는 집요하게 이어졌다. 생식기는 그녀의 혀가

지휘하는 대로 갖가지 쾌감을 유발하는 쾌락기가 되었다. 생식기에서 발사되는 쾌감은 신경세포조직을 따라 수없이 명멸했다. 연달아 불을 뿜어 폭발하고 흩어졌다. 화산처럼 일어나는 불바다를 온몸으로 체휼했다. 누운 채 몸을 꼬고 틀면서 참을 수 없는 흥분의 도가니에서 벗어나지 못했다.

그녀의 왼손으로 생식기를 어루만지고 주무르면서 혀로는 가장 민감한 귀두를 공략하고, 오른손은 허벅지 안쪽을 스치듯 만지면서 회음부를 건드려주는 애무공략을 할 때 세포마다 쾌감에 떨었다. 신랑은 신음을 멈출 수 없었다. 열락의 소용돌이는 머리에서 발끝까지 온몸 구석구석 혈관을 따라 지속적으로 흘렀다.

그녀의 섬세하고 배려 깊은 봉사는 30분간 천당과 극락을 오가며 이어졌다.

헌신적인 사랑을 받으며 늠름한 생식기를 그녀에게 꽂고 혼신의 힘을 다해 피스톤 운동에 박차를 가했다. 그녀의 얼굴에 희열의 꽃이 무수히 피어났다. 격렬한 운동을 하면서 사정이 가까웠음을 그녀에게 알렸다. 각시도 신랑의 사정에 맞추어 오르가즘에 도달했다. 땀범벅이 된 채 한참을 껴안고 호흡을 고르며 아련한 행복감에 젖는다.

월출산 모텔

제주도에 가기 위해 완도행 시외버스를 타고 가는데 영암 월출산이 신랑의 가슴으로 들어왔다. 그의 눈에 비친 월출산은 기암괴석과 봉우리마다 신비로움의 극치를 담고 있는 영산 靈山임을 직감했다. 완도에서 돌아오는 길에 다시 봐도 천하 절경의 명산이라는 느낌에 가슴이 뭉클했다.

그로부터 한 달 뒤인 3월 16일, 각시와 신랑은 오후 5시쯤 월출산 매표소에 갔다.

"오늘은 산에 오를 수 없습니다."

국립공원 매표소 직원의 말이었다.

두 사람은 내일 산에 오르기로 하고 먼저 숙소를 찾았다. 월출산 건너편에 〈월출산 모텔〉이 눈에 들어왔다. 205호실에 여장을 풀어놓고 이른 저녁을 먹었다.

차를 마시며 창밖을 보니 월출산 석양이 너무 포근히 안겨왔다.

그때 호남의 명산을 배경으로 진한 사랑을 나누고 싶은 강한 충동이 일었다.

각시와 신랑은 옷을 훌훌 벗고 욕실로 향하였다. 서로의 몸을 씻어주며 감미로운 시간을 보냈다.

먼저 신비로운 전원 풍경을 바라볼 수 있도록 인도해 주신 하나님께 감사와 보고의 기도를 드렸다. 순서에 따라 각시는 하나님께서 임하시는 신랑을 향하여 본연의 알몸으로 큰절을 올렸다.

천년을 바라보아도 기분 좋은 각시를 침대에 눕히고 신랑도 나란히 베개를 하고 서로를 바라보며 키스를 나누었다. 급할 것도 서두를 것도 없는 두 사람은 긴 입맞춤을 하면서 호흡을 맞추고 마음을 맞추고 기분을 맞추었다.

이제까지 수많은 밤을 부부의 정을 나누었다. 그 사랑의 향연은 예사로운 것이 아니었다. 왜냐하면, 하나님께서 허락하시고 동참하시는 부부의 사랑이었기 때문이다.

오늘은 더욱 특별한 사랑을 나누려는 것이다. 오늘은 주변 환경이 특별하고 분위기가 신선하고 새로운 탓이다. 이날은 호남의 금강이라는 월출산이 신랑과 각시를 위하여 들러리를 서는 날이다.

두 사람은 정상위로 30분간 사랑을 나누었다. 각시의 몸은 땀으로 범벅이 됐다. 신랑은 잠시 욕실로 들어가 뜨겁게 달아올라 흥분된 생식기에 찬물을 끼얹는다. 세면대 위에 생식기를 올려놓고 냉수를 끼얹는다. 1분가량 찬물 샤워를 시키니 열이 가라앉는다.

침대에 여전히 누워있는 각시에게 다시 달려들어 2회전에 돌입한다. 그녀의 아랫도리는 미끄러운 액체로 아직도 흥분이 가시지 않았다. 이번에는 누운 자세로 각시를 침대 모서리에 놓고 신랑은 방바닥에 서서 각시의 두 발을 치켜 올려 발목을 잡는다. 마치 수레를 두 손으로 밀고 가듯 그녀의 발목을 잡고 결합한다. 흥분과 감동, 쾌감과 기쁨이 그녀의 얼굴에 시시각각 다르게 나타난다. 신랑도 그 모습에 가슴이 뜨거워진다.

월출산 절경을 바라보며 차를 마실 수 있도록 둥근 탁자와 의자가 준비돼 있다. 그 탁자 위의 재떨이와 성냥 등을 다른 곳으로 치우고 신랑은 각시를 번쩍 들어서 그 위에 올려놓았다. 그 자리에서 어떤 사랑 행위가 연출될 것인지 불안과 기대에 찬 눈빛으로 바라본다. 침대보다 약간 높은 탁자 위에 각시는 궁둥이만 얹힌 상태이다. 그 탁자를 앞으로 25도 경사가 되게끔 바짝 당기면서 피스톤 운동을 한다.

"어머!"

각시는 감탄사를 연발하면서도 좋은 모양이다. 벼랑 끝에 선 한 송이 꽃처럼 언제 떨어질지 모르는 불안한 속에서 가슴으로 치솟는 쾌감을 느낀다는 것은 분명히 색다른 것이리라.

벌써 몇 회전인가? 의자에 신랑이 앉고 그 위에 각시가 앉는다. 다행스럽게도 의자 다리와 다리를 가로지르는 받침대에 각시는 두 발을 딛고 신랑 목을 껴안은 채 허리운동을 한다. 각시의 착착 감기는 유연성은 어떤 체위도 거뜬히 소화해낼 수 있다. 신랑은 풍성한 각시의 궁둥이를 그녀의 몸놀림에 맞추어 두 손으로 거들어주는 것으로 임무를 수행한다. 팽팽하면서도 부드러운 유방이 신랑의 눈앞에서 춤을 춘다. 눈과 코 그리고 머리에 각시의 유방은 현란한 율동으로 부딪친다. 의자마저 사랑하는 부부를 위하여 삐걱삐걱 소리를 더하여 분위기를 더한다.

이번에는 각시가 침대를 보도록 하고 신랑은 그녀의 궁둥이를 안고 서서 결합한다. 이른바 후배위이다. 남녀 모두에게 꽉 찬 느낌을 선사하는 자세로 후배위보다 탁월한 체위는 없다. 이 체위는 자극이 강한 탓에 여성의 허리가 덩달아 움직일 수밖에 없다. 남녀 누구나 최고로 흥분하면서 매우 깊은 황홀감을 누릴 수 있는 체위 가운데 하나이다.

신랑은 그녀의 허리를 두 팔로 안은 채 그녀의 신음을 느껴가면서 움직인다. 그녀가 엉덩이를 이리저리 움직일 때마다 신랑의 두 눈에 불꽃이 튄다.

"여보, 어때요?"

각시의 느낌이 궁금해 물었다.

"좋아요."

거친 숨소리를 내쉬며 그녀는 좋다 한다. 어떤 체위라도 그녀는 거절한 역사가 없다. 신랑은 참 복이 많은 사람이다. 그녀는 늘 "좋아요."라는 말밖에 모르는 사람처럼 대답한다.

두 사람은 벌써 10회전 사랑이다. 신랑은 생식기가 너무 과열

되면 욕실로 달려가 냉수로 식히고 다시 회를 거듭하면서 사랑을 나눈다.

영원한 하나님께서 오늘 신랑 각시에게 영원히 잊을 수 없는 사랑을 체험케 하셨다. 지칠 줄 모르는 정력과 넘치는 활력은 천하의 절경 월출산을 배경으로 더욱 진가를 발휘하고 있다.

때마침 달님이 월출산을 비추고 있다. 창밖에는 달빛이 빛나고 창문 유리에 각시와 신랑이 비치는데 마치 영화 속의 주인공이 된 느낌이다.

이토록 여러 차례 장시간 사랑할 수 있는 것은 각시 역시 하늘이 주신 건강한 육체를 지녔고 언제라도 신랑을 받아들일 수 있는 사랑의 실체이기에 가능한 것이었다.

각시는 10회전을 치르면서 매회 오르가즘의 폭죽을 수없이 터뜨렸다. 정상위에서도 원탁에서도 후배위에서도 관능적인 여배우처럼 시시각각 섹시하고 선정적이고 몽환적인 표정으로 환희의 정상에 수차례 등극하는 영광을 누렸다.

10회전을 넘어서 11회전에 돌입한 신랑은 이번에는 사정을 하고 사랑의 대장정을 마감하고자 했다.

각시를 바로 눕게 하고 신랑은 그 위에서 다정하게 하나가 되었다. 한참 몸놀림을 하다 키스를 하면서 비로소 사정했다. 참고 또 참았던 정액이 분출되는 순간 생식기에서부터 좌골신경을 따라 초고감도의 쾌감이 폭풍우와 같이 온몸을 휩쓸었다. 일찍이 느껴보지 못한 황홀함에 크게 만족하는 밤이었다.

부부의 속궁합은 월출산 산신령도 탄복할 만큼 이다지 드라마틱한 것이었다.

오후 6시 30분에 시작한 정사는 밤 11시 30분이 되어서 막을 내렸다. 무려 5시간에 이르는 화려한 정사의 향연이었다.

그대의 향수

각시가 쓴 글을 읽으면서 새삼 신랑은 하늘 앞에 감사한다. 아래 글은 각시의 일기문이다.

아침에 고요히 눈을 뜬다. 신랑과 떨어져 지낸 지도 어느덧 6개월이 되었다. 그이가 나를 그리워하고 있다는 것을 알고 있다. 벌써 봉긋 솟아오른 젖꼭지가 탱탱하게 붓고 따끔거리기 때문이다. 그리고 나도 모르게 흥분되어 숨소리가 거칠어진다. 이럴 때 그이가 곁에 있다면 얼싸안고 애무라도 할 텐데….

제일 중요한 것은 부부의 사랑이다. 신랑과 나는 언제나 수평을 이뤄야 한다. 한시라도 둘 사이에 틈이 생기면 안 된다.

신랑이 그리워질 때 나의 생식기는 촉촉하게 젖는다. 맑고 큰 두 눈에 그리움의 눈물을 머금은 것처럼 투명하고 미끄러운 액체가 생식기 가득 고인다. 그이가 나를 그리워하거나 보고 싶어 할 때 나의 몸은 예민하게 반응한다. 예외 없이 나의 젖가슴은 팽팽하게 부풀고, 젖몸살을 앓는 애 엄마의 젖꼭지처럼 따끔따

끔 아파 온다. 이 현상은 신랑이 몹시 나를 그리워하고 있다는 메시지다. 이럴 때 전화를 해 보면 그이는 늘 나를 생각하고 있다. 나에게 줄 선물을 고르고 있다거나 부부가 사랑할 때를 회상하고 있는 신랑의 생각이 나의 몸에 텔레파시로 시간과 공간을 초월해서 입력이 된다. 내 몸은 나의 생각보다 더 먼저 유방과 생식기에 야릇한 사랑의 기운을 몰고 전달되어 온다.

신랑과 나는 생각을 공유한다. 사랑에 있어서 언제나 공감대가 형성이 되어 있다. 신랑의 감정 변화는 나의 안테나에 정확하게 잡히고 브라운관에 선명하게 비추인다. 한 치의 오차 없는 절대자 하나님 사랑의 레이더는 초정밀 초고속으로 우리 부부 사랑의 세계에 주고받아진다.

신랑의 생식기 냄새 맡기를 나는 즐긴다. 백합화에서 풍기는 은은한 향기처럼 그렇게 좋을 수가 없다. 나는 사랑의 향기를 잘 안다. 나를 위하여 신랑이 고이고이 간직해 온 생식기에서 언제 맡아도 황홀한 기분이 드는 그 향기에 나의 후각은 마비가 된다.

또 몸에서 풍기는 냄새를 참 좋아한다. 그 냄새는 한적한 오후 울창하게 우거진 숲에서 산들바람을 타고 코끝에 다가오는 향기와도 같다.

나는 향수를 좋아한다. 신랑의 몸에서 나는 냄새는 세상 어디서도 만날 수 없는 아름답고 진한 하나의 향수다. 아가는 냄새로 엄마를 알듯이 나는 그 냄새를 좇아 본연의 신랑을 찾아갈 수 있으리라.

3부

부부 性 탐구

성적 능력의 표상 '개 사랑'

이번 과제는 〈개 사랑〉이다. 개는 매우 충성스러운 동물이며, 주인을 섬길 줄 알고, 작은 칭찬에도 반색하며 애정을 숨김없이 나타낸다.

그런데 우리 조상은 개를 왜 유난히 욕설에 많이 사용했을까? 아마도 개는 아무 데서나 교미를 할 뿐 아니라 그 모습이 자못 망측하여 비난을 받은 게 아닌가 싶다.

개들이 짝짓기 할 때 보면, 서로 냄새를 맡거나 핥음으로써 교미 준비가 됐는지, 우호적인지를 탐색한다. 암캐가 준비되면 꼬리를 한쪽으로 치워준 뒤 곧바로 교미에 돌입한다. 개는 장장 40~50분을 사랑에 몰두한다.

탐구 과제 :

인간은 자연에서 삶의 지혜를 얻는 경우가 많다. 성적 세계에서도 심오한 진리를 배울 수 있다고 본다.

개들이 짝짓기를 할 때 주목할 것은 서로 냄새를 맡거나 핥음으로써 준비가 되었는지 탐색하는 것이다. 개들도 상대가 사랑을 할 수 있는 상태인지를 반드시 확인하는 절차를 거친다. 하물며 인간은 말해서 무엇 하리.

탈무드에서도 "섹스는 극히 친근한 분위기 속에서 이루지지 않으면 안 된다."라고 가르치고 있다. 이 친근한 분위기, 살가운 교미를 위해서 개들은 냄새를 맡는 것이다. 상대가 오늘 기분이 어떤지, 기분 나쁜 일은 없었는지, 속상한 상태는 아닌지, 상쾌한 기분인지를 개의 천부적인 특기인 '냄새 맡기'로 알아보는 것이다.

사람은 사랑의 대화를 통해서 상대의 표정과 마음 세계를 파악해야 한다.

개들의 두 번째 접근방식은 '핥음'으로서 교미 준비가 되었는지 탐색하는 것이다. 핥는다는 것은 다가가는 쪽에서 마음을 여는 행위요, 진심을 담아 상대를 칭찬하는 일이다. 이는 상대를 기분 좋게 하려는 애틋한 마음씀씀이다.

개들도 사랑의 순서를 알고 있다. 먼저 키스를 통해서 사랑의 출발을 선포한다. 남녀의 만남에서 극적인 장면은 키스신이다. 즉 입술을 터치하면서 사랑행위가 본격 가동된다는 것은 아주 흥미로운 일이다.

먼저 탐색하고 키스하고 서로 마음이 동하면 그때부터는 거칠 것이 없다. 개들은 여기까지가 서론이다. 그들의 본론은 상당히 진지한 둘만의 결합으로 오랜 시간을 버틴다.

개들의 결합 과정을 보면, 수캐가 암캐 등 뒤에 올라가 삽입이 이루어지자마자 홱 돌아서 서로 반대 방향으로 머리를 두고 숨만 헐떡거린다.

동물들의 체위는 대부분 수컷이 등 뒤에서 암컷을 사랑하는 이른바 후배위_{後背位}이다. 인간이 갖고 있는 성적 상상력을 채워주는 체위로 후배위보다 좋은 자세는 없다고 한다. 특히 후배위는 남녀가 제일 흥분할 수 있는 자세이기도 하다.

개들의 짝짓기를 여태껏 천시했을 지라도 이제부터는 그들이 본능에 충실한 자세로 최선을 다하는 모습을 연구하면서 실천할 차례가 우리 앞에 왔다.

가시를 누그러뜨리고 춤을 추는 '고슴도치 사랑'

이번 과제는 〈고슴도치 사랑〉이다. '고슴도치는 어떻게 사랑하는지?' 연구해 보자.

동물 중에 '저놈들은 어떻게 부부 생활을 할까?' 의문이 드는 녀석들이 있다. 아무리 상상력을 발휘해도 그림이 그려지지 않는다. 그 대표적인 동물이 고슴도치이다. 고슴도치는 온몸이 가시로 덮여 있다. 단단한 가시가 등과 옆구리에 촘촘히 박혀 있는 고슴도치는 암컷의 엉덩이에 수컷이 올라타는 것이 가능할까? 물론이다. 다른 동물들처럼 뒤로 교접한다. 녀석들의 후배위에서, 수컷이 다치지 않고 작업을 끝내도록 하는 열쇠는 암컷이 쥐고 있다.

만약에 암컷이 조금이라도 피하 근육을 긴장시키면 한창 짝짓기 중이던 수컷은 장기에 수천 개의 가시가 박혀 치명상을 당할 수도 있다.

하지만, 고슴도치가 교미할 때는 암컷이 뒷발을 벌리고 등을 쭉 편다. 그러면 수컷은 앞발을 암컷 허리에 걸치고 솜씨 좋게 결합한다. 교미할 때는 다행스럽게도 뻣뻣한 온몸의 가시를 바람이 불면 비스듬히 눕는 풀잎처럼 솜씨 좋게 눕혀서 서로 다치지 않게 한다.

고슴도치가 교배할 때엔 패턴이 있다. 2일 합방수컷과 암컷이 같은 방에 있도록 하는 것하고 1일 분리, 2일 합방, 이런 식으로 약 일주일 정도 교배하도록 한다. 합방하는 시기에는 고슴도치가 자유롭게 교배할 수 있도록 물과 먹이를 충분히 제공해 줄 뿐만 아니라 조용하고 약간 어둡게 환경을 조성해 준다. 처음엔 서로 관심도 없다가 하루 정도 지나면 서로 어울리면서 암컷이 수컷 집에 들어가서 잠을 잔다. 그러다가 수컷이 삑삑대며 구애를 하고, 암컷한테 거부당하고 구석에 박혀서 씩씩대기도 하는 등 그들만의 흥미로운 짝짓기가 이루어진다.

탐구 과제 ;

첫째, 고슴도치 사랑에서 가시에 찔리면 치명상을 입을 수 있는 그 위기를 슬기롭게 극복하는 열쇠는 암컷에게 있다.

남녀의 사랑에서 남성이 사랑행위를 주도하는 것 같지만 여성의 적극적인 협조 없이는 불가능하다. 열렬한 남성의 구애, 뜨거운 사랑의 동작을 고스란히 수용하여, 그 에너지를 두 사람이 공유하면서 새로운 차원의 에너지, 사랑의 불꽃으로 승화시키려면 공동의 노력 없이는 어렵다는 것을 보여주고 있다.

그러기에 사랑하는 상대 앞에는 겸허한 자세를 가져야 한다.

교만한 태도, 독선적인 자세로는 사랑행위의 극적 무대에 화려하게 등장할 수도 없거니와 절대적인 지지를 받을 수도 없다.

둘째, 고슴도치의 사랑에서 중요한 것은 분위기 조성이다. 부부란 상대의 빈 부분을 채워주고 상대의 필요를 채워주는 고마운 노력으로 사랑의 분위기는 이루어진다. 분위기는 여성이 만들 수도 있고, 남성이 만들 수도 있다.

부부가 사랑하기 전, 세상에서 들을 수 있는 모든 찬사를 연신하면서 그녀의 전신을 애무하는 데만 30분을 투입해 보라. 그녀는 전희에 이미 넋이 나간 상태일 테고, 그녀를 여신처럼 다루면서 부드럽고 능숙한 손길을 펼치면 그녀의 온몸이 흐물흐물 녹아내릴 지경이 될 것이다.

부부 사랑은 마음을 활짝 열어놓고 놀이하듯 시작하여 폭풍이 몰아치는 행위로 끝맺어야 한다. 그리하여 손가락 하나 까딱할 수 없는 나른한 몸으로 잠들도록 사랑을 불태워야 한다.

야옹 야옹 소리 나는 '고양이 사랑'

이번 과제는 〈고양이 사랑〉이다. '고양이는 어떻게 사랑하는지?' 연구해 보자.

발정기를 맞은 암컷은 식욕이 없어져 평소보다 덜 먹게 되며, 눈에 띄게 몸을 비틀며 바닥이나 가구 등에 비벼대는 등의 행동을 한다. 발정한 수컷은 암컷을 찾기 위해 그야말로 식음을 전폐하고, '여기 암고양이는 다 내 것이야!' 라고 선언하듯 근방에 자신의 관할구역임을 표시하려고 오줌을 분부기로 분사하듯 곳곳에 뿌린다. 고양이가 발정을 시작하면, 유별나게 앙칼진 울음을 토해낸다. 발정기의 고양이들이 시끄러운 소리를 내며 소란스러운 이유는 암컷을 둘러싼 싸움 때문이다.

고양이의 짝짓기는 수컷의 맹렬한 구애 행동으로부터 출발한다. 고양이는 반드시 암컷이 수컷을 선택한다. 수컷에겐 선택 권한이 없다. 구애가 성공하고 나면 정작 짝짓기는 길어야 3~4분이며, 하루에 30회까지 짝짓기를 반복할 수 있다. 고양이들은 대개 사람의 눈에 띄지 않는 은밀한 장소에서 짝짓기 한다.

탐구 과제 :

동물의 사랑도 위대함을 발정난 수고양이한테서 엿볼 수 있다. 수고양이에게 사랑의 상대는 식욕보다 우선한다. 사랑을 위한 수고양이의 처절한 몸부림이 안쓰러울 지경이다. 그만큼 사랑의 상대가 소중하다는 것을 암시하고 있다. 동물도 사랑의 상대는 자기 존재 자체를 부정하고라도 찾고 싶고 만나고 싶고 사랑하고 싶은 존재인 것이다.

인간의 사랑이 더 가치 있고 위대하다면, 수고양이가 암코양이를 향한 절규, 그 미칠 것 같은 몰두, 상대가 없으면 그 무엇도 가치가 없고 의미가 없을 그런 경지 이상의 사랑을 해야 하지 않겠는가!

둘째, 고양이는 반드시 암코양이가 수고양이를 선택한다. 고양이의 세계가 동물의 세계를 대표적으로 보여주고 있는 셈이다.

인간의 세계는 어떠한가?

동물의 세계에서 통용되는 암컷 우위의 성적 선택권은 인간의 세계에서는 정반대가 된다.

오늘날 여성들은 더 예뻐 보이려고 화장을 하고, 다이어트를 하고, 성형수술도 서슴없이 한다. 암컷에게 선택받기 위해 화려하게 치장하는 동물 수컷 세계와는 사뭇 다른 현상이 벌어지고 있는 것이다.

그러나 정작 부부 생활에서는 남성이 여성에게 잘 보여서 선택받으려고 노력한다. 생물학적으로 보면 주는 쪽은 남성이고 받는 쪽은 여성임에도, 현실적으로는 늘 남성이 섹스를 하고 싶어 안달하고, 짐짓 빼기도 하고 허용하는 쪽은 여성이다. 성생활의 선택권은 여성이 우위에 있으며, 성적 결정권의 열쇠 역시 여성이 쥐고 있다.

따라서 부부의 성생활이 조화롭게 잘 이루어지려면 여성을 즐겁게 하고 기쁘게 해야 한다. 남성 마음대로 또는 억지로 하는 성행위는 바람직하지 않다.

탈무드에서도 "아내의 동의 없이 억지로 아내와 관계를 가질 수는 없다. 아내가 내키지 않는데 남편이 요구하는 것은 금지되고 있다."라고 한다.

이제 고양이의 짝짓기를 알았으므로 부부가 〈고양이 사랑〉을 할 때는 여성이 먼저 남성을 만져주고 건드리며 '야옹!' '야옹!' 소리 지르면서 즐거움 가득 찬 밤이 되도록 해야 한다.

저돌적인 '돼지 사랑'

이번 과제는 〈돼지 사랑〉이다. '돼지는 어떻게 사랑하는지?' 연구해 보자.

흔히 '돼지 같다.'는 말은 많이 먹고 고집이 세고 위생이 나쁘다는 뜻이다. 그러나 돼지는 절대 '돼지처럼' 먹지 않는다.

실제로 돼지는 매우 청결한 동물이다. 겉보기에 지저분할 뿐이지, 잠자리를 따로 두고 깨끗하게 관리하는 유일한 가축이며 배설하는 곳도 따로 있다. 돼지는 매우 영리하다. 돼지에게 춤, 경주, 수레 끌기, 지뢰 찾기를 가르칠 수도 있다.

암퇘지가 발정하면 움직임이 보통 때보다 재빠르고 활발해진다. 특히 발정기에 들어서면 돼지우리나 운동장, 목책을 따라 서성대면서 수퇘지를 찾는다. 독특한 소리를 낼 때도 있으며, 오줌을 질금질금 싸기도 한다. 전반적으로 식욕이 떨어지고, 동료 간에 서로 올라타기도 한다.

수퇘지는 구애할 때 침을 자기 몸에 발라놓는다. 암퇘지는 그 냄새만 맡고도 미칠 듯이 흥분한다.

수퇘지의 성기는 길고 꼬불꼬불하다. 암퇘지와 수퇘지의 성기는 암나사, 수나사처럼 생겼기 때문에 꼬불꼬불한 성기가 나사처럼 돌아가면서 삽입한다. 암퇘지가 수퇘지를 허용하면 비로소 짝짓기 할 수 있다.

수퇘지는 짝짓기 1회당 최고 0.5리터의 엄청난 양을 사정한다. 그리고 암퇘지는 10분 이상 오르가슴을 느낀다. 일명 멀티 오르가즘Multi Orgasm이다.

탐구 과제 ;

첫째, 〈돼지 사랑〉은 그저 그런 사랑이 아니다. 저돌적인 사랑이다. 저돌적豬突的이란 말은 사랑이 그리운 암퇘지가 수퇘지를 찾아 돌진하는 것을 의미한다. 수퇘지가 그리운 암퇘지는 먼저 음부가 붓고, 식욕을 잃을 정도로 만사에 의욕을 잃고 만다. 식욕 왕성하여 그렇게 맛있던 음식도 사랑 앞에선 무용지물이다.

'꿀, 꿀, 꿀, 꿀…' 돼지 노래를 부르며, 얼씨구 절씨구 지화자 좋다, 내 사랑 하면서 돼지 춤을 추며, 돼지 사랑을 해보자.

둘째, 돼지는 매우 청결한 동물이다. 부부라고 해서 '언제나', '함부로' 또는 '거리낌 없이' 사랑을 해도 되는 것은 아니다.

부부의 기본예절은 청결이다. 사랑하기 전에 샤워와 이 닦기 등은 상당히 중요한데, 부부 사이에서 종종 무시되기 쉽다. 이것을 가볍게 여겨서는 절대 안 된다.

불결하면 상대가 부부 사랑을 꺼리는 원인이 될 수도 있다. 특히 애무할 때 나쁜 냄새가 나면 그다음부터는 자동으로 거부하게 된다. 손과 발의 청결은 물론 손톱과 발톱도 길지 않아야 상처와 감염의 위험을 줄일 수 있다.

결혼한 지 오래된 부부일수록 전희를 생략하고 사랑하는 경향이 나타나는데, 이는 상대에 대한 예의가 아니다.

전희 못지않게 후희도 중요하다. 가까우므로 더 조심하고 배려하면서 성과 관련한 대화를 터놓고 나누어, 두 사람 다 만족한 부부 생활이 되도록 노력하는 것이 필요하다.

가슴 벅찬 '말 사랑'

이번 과제는 〈말 사랑〉이다. '말은 어떻게 사랑하는지?' 연구해 보자.

암말은 사랑할 준비가 되면 다리를 쫙 벌리고 서서 오줌을 좔좔 배설한다.

수말은 그 오줌 냄새를 맡고 암말을 깨물고 비비고 신체의 여러 부위를 골고루 혀로 핥아 애무한다. 전희의 과정을 거친 수말은 그 기쁨을 표현하듯이 암말의 주위를 빙빙 돌며 펄쩍펄쩍 뛴다.

수말은 어떤 동물도 모방할 수 없는 격렬한 사랑의 소리를 내지른다. 그리고 생식기가 단단해지고 팽팽해져서 절정에 이르면 암말의 뒤에서 자신의 육중한 몸을 던져 앞발을 보기 좋게 걸치고 올라타 감추어 뒀던 비장의 무기를 황망히 휘두르며 암말의 생식기를 찾아 힘차게 들이밀면서 입으로는 목덜미를 꽉 물고 교미를 시작한다.

수말의 전희는 호사스러울 정도로 가슴이 벅차오른다. 그러나 정작 암말과 교미를 시작한 수말은 피스톤운동에 전심전력을 쏟아 용을 쓰고 기운이 뻗치는가 싶은 순간, 암말한테서 어이없고 허무하게 떨어져 나와 맥없이 고개를 떨어뜨린다.
 동물 중에 생식기가 제일 큰 것이 말馬인데, 거창하고도 격렬한 '오호호호화화!' 소리가 무색하리만치 그 사랑 시간은 매우 짧다. 무엇을 위한 대물大物이며, 무엇을 위하여 그 장대한 생식기를 휘두르는가 싶을 정도로 말의 교미는 황당하게 끝나버린다.

 탐구 과제 :
 첫째, 입술을 내밀어 암말의 오줌 냄새를 맡는 수말의 겸허한 자세. 상대의 향기를 음미하는 것은 매우 중요한 행위이다. 상대의 거부할 수 없는, 코끝을 설레게 하는 매력적인 사랑의 향기에 먼저 흠뻑 취하는 것은 중요하다.
 둘째, 전희前戱에 충실한 수말의 정성. 상대를 깨물고 비비고 혀로 애무하는 이 지극정성이 상대의 가슴을 떨리게 하는 기본적인 절차, 사랑의 문을 열도록 하는 경건한 준비 작업이다.
 셋째, 암말의 주위를 돌며 펄쩍펄쩍 뛰는 수말. 그녀가 없다면 이루어질 수 없는 사랑의 기적 같은 현실 앞에 기쁨을 감추지 못하는 모습을 실천해 보자. 그녀 또한 심장의 박동이 쿵쾅거리기 시작할 것이다.
 넷째, 수말의 격렬한 사랑의 환호성, '오호호호화화…!'
 올림픽에서 금메달을 딴 사람보다 더 기뻐 날뛰는 사랑을 생각해 보라. 얼마나 좋으면 그럴까? 상대를 마음껏 기뻐하며 입이 귀에 걸리도록 찬양하면서 사랑의 향연을 펼치는 것이 어찌 아름답지 아니한가!

다섯째, 수말의 가슴 벅차오르는 호사스러운 전희, 부부 생활이 익숙해지면 전희를 무시하고 달려드는 사람이 적지 않다고 한다. 그러면서 황홀한 밤을 기대하는 것은 사치스러운 착각이다.

동물도 전희에 이토록 정성을 기울인다는 사실을 항상 기억하자.

십년을 기다린 '매미 사랑'

이번 과제는 〈매미 사랑〉이다. '매미는 어떻게 사랑하는지?' 연구해 보자.

매미의 애벌레는 땅속에서 나무뿌리의 수액을 먹으면서 긴 시간을 보내고 수년 또는 17년이 지나서야 땅 밖으로 나온다고 한다. 애벌레는 성충이 되기 전에 98%가 천적의 먹잇감으로 사라진다.

수컷은 날개가 돋은 지 3-5일 후부터 울기 시작하는데, 그때가 바로 짝짓기 기간이다. 대체로 7-8월에 집중적으로 짝짓기 하는데 울음소리가 더 큰 수매미가 짝짓기를 더 많이 할 수 있다. 이때는 매미 일생에 가장 중요한 시기이다.

구애하는 수매미의 울음은 밤낮의 구분이 없다. 사랑을 위해 온 정열을 쏟아 붓는 때이다. 한 여름의 불볕더위에도 매미의 구애求愛는 애절하다. 매미의 합창은 짝짓기 상대를 부르는 간절한 구애의 연가戀歌이다.

매미는 나무껍질에 매달린 채 짝짓기를 한다. 수직 혹은 거꾸로 매달려 한 녀석은 왼쪽 다리로 나무를 붙들고, 또 다른 녀석은 오른쪽 다리로 나무를 붙들고 반대편 다리는 서로 부둥켜안고 오직 한 번의 사랑을 활활 불태운다. 모든 매미는 2주일-한 달 이내에 다 죽는다.

탐구 과제 ;

첫째, 매미의 신선한 매력은 화려한 옥빛 날개의 아름다움이다.

오늘 밤엔 자극적인 속옷을 준비하자. 매미 날개와 같이 은근히 비치는 실크 스립 같은 눈부시도록 빛나는 속옷을 입고 사랑을 하는 것이다. 더 나아가 검정 팬티스타킹이나 끈 팬티도 좋다. 부부 사랑은 시각적인 자극에서 비롯한다.

나무에 매달린 채 짝짓기 하는 매미처럼, 둘 다 서서 사랑해 보자.

이른바 입위立位이다. 입위는 여자가 가지고 있는 성적 상상의 기대감으로, 높은 쾌감을 불러일으키는 체위이다. 입위는 벽과 같은 곳에 의지하기 때문에 매우 불안정한 자세를 취하게 된다. 그래서 깊은 결합을 할 수 없다. 즉 감칠맛 나는 사랑을 즐기게 된다. 여자는 일단 결합하면 점점 결합의 강도를 높이고 싶은 욕구를 느끼게 된다. 그런 마음 때문에 안타까움을 느끼고 그 마음이 점점 흥분으로 이어진다.

서서 사랑을 나누다 정상 체위 등으로 바꾸어 아쉬움을 채우면 흥분이 극에 달하고 황홀함의 극치를 맛보게 된다.

둘째, 매미의 노래와 합창은 지상에서 가장 아름답고 달콤한 사랑의 메아리가 되어 하늘을 감동케 하고, 인간을 전율케 한다.

우리도 매미처럼 인내하며 짝을 사랑할 수 있을까?

우리도 매미처럼 불꽃같은 사랑을 할 수 있을까?

절규처럼 뜨겁게 사랑하고 미련 없이 스러지는 매미 같은 사랑을 해보자.

여름을 나는 어떤 곤충보다도 짧은 생을 사는 매미의 일생은 애처롭고도 강렬하다.

오늘 밤엔 내일은 없다는 마음으로 목숨 걸고 사랑해 보자.

양기陽氣의 상징 '뱀 사랑'

이번 과제는 〈뱀 사랑〉이다. '뱀은 어떻게 사랑하는지?' 연구해 보자.

수컷은 짝짓기 기간이 되면 매일 아침 자신의 굴속에서 나와 사랑할 암컷을 찾아 헤맨다. 수컷이 암컷을 발견할 때면 반드시 다른 경쟁자가 있기 마련이어서, 바로 그 자리에서 결투가 벌어진다. 수컷들은 몇 시간, 혹은 며칠간 승자가 가려질 때까지 싸운다.

싸움에서 이긴 수컷은 의기양양하게 꼬리를 좌우로 흔들며 암컷에게 다가가서 아래턱을 암컷의 꼬리에서 등골을 따라 머리까지 부드럽게 비비고 혀를 날름거리면서 구애한다. 더 나아가 수컷은 턱에서 쾌락액快樂液을 분비하여 암컷의 교미 욕구를 높이면서, 계속하여 목을 비틀고 꼬리를 감고 흔들어댄다.

한편, 흥분된 암컷은 꼬리에서 머리 쪽으로 몸통을 흔들며 우아한 곡선을 그리며 농염한 신호를 보낸다. 수컷은 암컷의 뒤쪽으로 가서 꼬리를 직각으로 굽혀 암컷의 꼬리를 살짝 들어 올리고 짝짓기 여행을 시작한다.

　이들의 교미 행위는 그 자체만으로도 며칠간 계속된다. 한 번 결합하면 사정할 때까지 빠지지 않는 지구력이 그들의 매력이다.

　탐구 과제 :

　뱀의 수컷이 암컷의 교미 욕구를 높이기 위해 목을 비틀고 꼬리를 감고 흔드는 구애 행동은 일종의 쇼맨십이다. 땅바닥을 기어 다니는 동물도 '내 사랑을 받아주오.' 하면서 쇼맨십을 한다는 건 신선한 충격이다.

　이제부터 상대에게 벅차오르는 감동을 전해줄 부부이벤트를 생각해 보라.

　아내의 생일, 남편의 생일, 결혼기념일, 무슨 데이day 또는 주말 등 어느 날이건 생각하기 나름이다.

　깜짝 이벤트로 부부 사랑에 불을 붙일 수 있다.

　어떤 이벤트가 좋을까?

　기념일에 사랑을 고백하는 한 편의 시를 읊어줄 수도 있다. 상대가 좋아하는 맛난 음식을 만들어 줄 수도 있다. 장미꽃 한 송이와 간단한 편지 한 통도 깜짝 이벤트가 될 수 있다. 주말에 맛있는 음식을 먹고 영화 한 편을 봄으로서 잠시 소원했던 부부 사이에 기름칠을 할 수도 있다. 꽃다발이나 돈다발을 한 아름 안겨주는 통이 큰 이벤트를 할 수도 있다. 소박한 식당에서 오붓한 식사를 한 다음 연극공연을 관람할 수도 있다. 그냥 코끼리 T

팬티 하나 입고 춤을 한 번 추는 것도 특별한 이벤트가 될 수 있다.

뱀 사랑의 특징은 지구력이다.

뱀 같은 탁월한 지구력을 소유하고 싶은 남성이 있다면 하늘 앞에 기도하고 부부 사랑을 시작해 보라. 비아그라가 문제가 아니다. 비아그라는 장시간 발기하는 기능만 있을 뿐이다.

하늘이 함께하는 사랑은 그 차원이 다르다. 에너지의 원천은 하나님이시다. 하나님이 주관하시는 부부의 사랑은 천지가 개벽할 정도로 황홀한 기쁨을 만끽할 수 있다.

하늘을 신뢰하고 기도한 다음에 다정한 부부의 사랑을 흥건히 누려보길 권하는 바이다. 천국이 어디쯤에 있는지, 극락의 맛이 어떤 것인지 느낄 수 있을 것이다.

건강과 장수의 대표 '사슴 사랑'

이번 과제는 〈사슴 사랑〉이다. '사슴은 어떻게 사랑하는지?' 연구해 보자.

수사슴은 발정기 이전까지 체내의 모든 힘을 뿔로 올려 보낸다. 수사슴의 가지 뿔은 암사슴뿐 아니라 수사슴에게도 강렬한 인상을 준다. 가지 뿔은 수컷의 전유물이다. 강인한 뿔을 만들어야만 암컷 차지가 가능한 모질고 독한 현실 때문이다.

수사슴들은 발정기에 여기저기서 뿔로 싸움질해댄다. 서로 사력을 다해 싸워서 거기에서 진 놈은 미련 없이 뒤로 돌아서 도망간다. 암컷들은 승리한 수컷 뒤를 유유히 따라간다.

사슴 사랑은 3초가 채 안 걸린다. 조루의 대표가 가슴이다.

탐구 과제 ;

왜 사랑을 나누기 전에 키스를 하고 애무를 하고 사랑의 대화를 통해서 사랑의 분위기, 무드를 조성해야 하느냐?

부부 관계에서 애무는 가마솥에 밥을 짓는 것과 같다.

가마솥이 아직 달구어지지도 않고 밥물이 끓지도 않고, 김도 나지 않았는데 밥이 다 된 것으로 알고 솥뚜껑을 열고 밥맛을 운운하는 것처럼 어리석은 사랑, 미숙한 사랑을 한다면 그다음부터 여성은 성관계에 관해서 싫어하게 마련이다.

'도대체 왜, 무엇 때문에 그걸 해야 하는가?' 하면서 부부관계를 귀찮은 것으로 여기게 될 것이다.

여성들이 왜 남성과 결혼을 꿈꾸고 기뻐하겠는가? 그녀들도 그 나름대로 성적 환상을 갖고 있었을 것이다. 성에 관한 아련한 꿈, 성이라는 미지의 설렘을 주는 세계를 남성들은 더 깊이 이해하고, 공부하고, 대화를 통해서 폭넓게 배워야 한다.

여성이 진정한 여성으로 활짝 꽃을 피울 수 있도록 진지한 대화가 필요하다.

그저 몇 마디가 아니라 결혼생활 시작부터 두 사람이 성생활에 마침표를 찍는 그날까지 은밀한 대화, 아기자기한 대화, 끈끈한 두 사람만의 대화가 줄곧 이어져야 한다.

남성은 참 단순하다. 그들의 생각과 관심은 온통 자신의 생식기에 집중되어 있다. 그러므로 아내와 사랑을 하다가 뜻밖에 빨리 사정할 경우, 여성이 화를 내고 분노하고 짜증을 내기 전에, 남성 자신은 말로 표현할 수 없는 부끄러움에 어쩔 줄 몰라 한다는 사실을 알아야 한다. 상대가 말하지 않아도 잔뜩 주눅이 든 상태인데 아내가 남편을 향해 짜증을 내거나 책망할 경우, 그다음부터 남편은 아내 앞에 성불구자가 될 수도 있다.

늘 큰소리치고 당당하고 늠름한 남성으로 알겠지만, 조루증상이 나타날 때는 천하에 쩨쩨하고 소심한 남자가 되고 만다는 사실을 꼭 염두에 둬야 한다.

혹시 내 남자가 조루증세가 있더라도 그냥 모른 척하고, 오히려 '괜찮다'고 위로해주고 격려해주면 그 넓은 아량에 감복한 남편은 용기백배하여 더 큰 사랑으로 아내에게 보답할 것이다.

밀림의 왕 '사자 사랑'

　　　　　　이번 과제는 〈사자 사랑〉이다. '사자는 어떻게 사랑하는지?' 연구해 보자.

　동물은 대부분 암컷이 발정하면 수컷을 유혹한다.

　암사자는 볼품없는 수컷에겐 좀처럼 몸을 허락하지 않는다. 발정한 암사자는 그녀가 왕으로 모실 수사자의 턱에 앞발로 흥미가 있다는 신호를 보낸다. 수사자의 청신호를 받고 나면 둘이 서로 비비면서 애정을 표현한다. 그리고 수사자는 정열을 다해 암사자 위에 올라가 짝짓기를 한다.

　사자의 사랑은 불과 몇 초 만에 이루어진다. 한 번의 사랑이 끝날 때마다 암사자가 뒤로 발라당 드러누워서 땅바닥에 등과 궁둥이를 비비는 행동을 한다. 마치 사랑에 감격해 아양을 떠는 모습으로 보이지만, 수사자한테 받은 씨가 수정이 잘되도록 하는 몸짓이라 한다.

　수사자는 암사자가 발정하여 짝짓기가 시작되면 발정기 내내 암사자 곁에 머물면서 하루에 20~40번씩, 일주일 정도 짝짓를 한다. 더러는 하루에 50회 이상 암사자의 질에 삽입하는 수사자도 있다고 하니 그저 놀라울 따름이다. 암사자가 임신이 안 되면 몇 개월 간격을 두고 다시 발정하여, 새롭게 마라톤 짝짓기를 시작하는 것이다. 자연의 질서와 생태계 비밀의 오묘함을 절감할 수 있는 대목이다.

탐구 과제 ;
사자 사랑, 그저 종족번식을 위해서 하는 교미이지만 하루에 20번 이상 암사자가 원하면 50번도 한다는 이 경천동지할 소식 앞에 우리는 옷깃을 여미고 자세를 경건하게 가다듬어야 한다.
부부의 성생활에 있어서 남성은 밤마다 하자 해도 싫어할 사람은 얼마 되지 않을 것이다.
남성이 바람을 피우는 건 첫째 남성의 책임이다. 결혼한 남성은 사랑의 상대인 아내를 위해 살고, 아내를 위해 봉사하고, 행복한 가정을 꾸리는데 주력해야 한다.
남편이 바람을 피웠다면, 두 번째 책임은 그의 아내에게 있다. 남편이 다른 여성에게 눈을 돌릴 수 없도록, 오로지 자신만 바라보도록 밤마다 진한 사랑을 나눠야 한다.
돈이 있어도, 시간이 남아돌아도, 바람은 생각조차 할 수 없도록 관리, 감독해야 할 책임이 아내에게 있는 것이다. 밤마다 녹초가 될 정도로 진한 사랑을 나누면 아내의 사랑에 푹 빠져서 헤어나질 못한다. 이불안공사에서 아내가 어떻게 하느냐에 따라 사랑의 포로가 될 수 있다.

　그렇게 살다 보면 속궁합이 잘 맞고, 그것이 남편에게 최고의 위안이 되고 최고의 자랑이 되고 최고의 기쁨이 되는 것이다.

　내 남편이지만, 나만의 남성으로 만드는 센스는 여성하기 나름, 아내하기 나름이다.

　집요한 사자 사랑의 세계를 떠올려 보라. 불가능한 것이 무엇이 있겠는가!

여성이 주도하는 '염소 사랑'

이번 과제는 〈염소 사랑〉이다. '염소는 어떻게 사랑하는지?' 연구해 보자.

염소는 양과 다르게 턱에 수염이 있다. 염소는 '수염이 있는 소'라는 뜻이다. 염소는 성질이 매우 급하지만 아주 활달하고 체질이 강한 편이다.

염소는 출생 후 4개월이면 교미를 시작한다.

구애도 평등하다. 다른 동물은 대개 수컷이 적극적이지만 염소는 암·수가 서로 적극적으로 구애한다. 염소는 다른 동물에 비해서 짝짓기 방법이 특이하다. 염소는 극히 짧은 시간에 교미하지만 여러 번 반복한다. 암염소는 요청이 들어오면 서로에게 올라타는 행동으로 숫염소의 타오르는 욕정에 기름을 끼얹는다. 보통 다른 동물의 암컷은 수동적이며 짝짓기 중에도 조용하지만, 염소는 암컷이 전적으로 주도권을 행사한다. 짝짓기 하는 순간뿐만 아니라 구애에서부터 마지막 절정에 이를 때까지 줄곧 암컷이 주도한다.

탐구 과제 :

염소 사랑의 매력은 암컷이 전적으로 주도권을 행사한다는 점이다.

언제나 남성이 주도해야 한다는 고정관념을 버려야 한다. 여성이 먼저 남성에게 사랑하자고 하면 더 멋진 사랑을 할 수 있다.

먼저 남편이 아내의 옷을 벗기도록 유도한다. 귓가에 입술을 대고 '옷 좀 벗겨줄래요?'라고 속삭이면 남편의 흥분은 더욱 배가 될 것이다. 이왕이면 지퍼 대신 단추가 달린 셔츠나 블라우스와 같은 옷이 더 흥분을 높여 준다.

부부가 함께 샤워한다. 물을 가득 받은 욕조에 들어가 물장구를 치기도 하고, 수건에 비누를 묻혀 뒷목에서부터 등허리와 다리까지 서서히 아래로 닦아 내려간다. 앞쪽도 목부터 가슴, 배, 두 다리 사이에서 한참 노닐다가 다리까지 닦고 샤워기를 틀어 물을 뿌려 씻어준다. 마른 수건으로 온몸을 정성껏 닦아준 다음 손바닥에 로션이나 향유를 발라 남편의 등과 가슴을 마사지해준다. 손바닥을 이용해 동그라미를 그리듯 문지르면서 목이나 어깨를 주물러 근육을 풀어주면 남편이 무척 좋아할 것이다.

때로는 아내가 먼저 사랑하자고 하는 걸 남편들은 매우 좋아한다. 더러는 사랑스러운 협박을 하는 것이다. '오늘 밤 당신과 사랑하지 않으면 난 못 잘 것 같아' '오늘 밤이 아니면 내게서 멋진 선물은 기대하지 마!' 이런 말에 안 넘어갈 남편은 없을 것이다.

잠자리에 들어가자마자 천천히 그의 옆으로 다가가 남편의 입술을 헤치고 혀를 넣는다. 분명히 새로운 느낌을 받을 것이다. 키스할 때 남편이 흥분하면, 아랫입술, 코, 턱, 목과 같은 곳을 이로 살짝 깨물어 자극한다. 아마 비명을 지르는 그의 신음에 아내도 흥분할 것이다.

남편의 젖꼭지는 아주 민감한 성감대이다. 부드럽게 혀로 핥고 쓸어내리고 빨고 깨물면서 애무하면 남편 역시 반드시 아내한테 보답할 것이다.

이번에는 애교 섞인 목소리로 '내가 할게요.' 하며 남편을 이끈다.

남편 위에서 승마 체위로 여자로서 느낄 수 있는 기쁨을 만끽하면 남편도 그 흥분을 그대로 흡수하면서 황홀한 밤이 되기에 부족함이 없을 것이다.

소곤소곤 속삭이는 '참새 사랑'

이번 과제는 〈참새 사랑〉이다. '참새는 어떻게 사랑하는지?' 연구해 보자.

이른 아침부터 쩍쩍거리는 참새는 언제나 명랑하다.

참새가 쩍쩍거리는 소리는 세 가지뿐이라고 한다.

하나는 배가 고파서, 하나는 사랑이 그리워서 또 하나는 사랑하는 새끼를 찾아서 소리를 내고 있다는 것이다.

탐구 과제 ;

참새는 자기네들처럼 재미있게 아기자기하게 속삭이는 부부 사랑을 하라는 교훈을 주고 있다. 참새 사랑은 한 마디로 속삭이는 사랑이다. 침실에서 여성이 간절히 원하는 것은 남성의 허심탄회한 칭찬이다.

'아, 오늘은 당신 그대로 있어요. 내가 당신 옷을 하나하나 벗겨주고 싶어요.'

이와 같은 선정적인 한 마디에 그녀는 전율을 느낄 수도 있다.

부부가 사랑을 나누기 전부터 상대가 기뻐할 수 있는 말을 건네는 것이 무엇보다 중요하다.

'오늘은 우리 함께 목욕해요. 당신의 온몸을 더듬으며 비누거품이 되게 해 주고 싶어요. 당신을 핥아주고 싶어요.'

이 말을 하는 것만으로도 즐겁지만 듣는 사람은 욕망의 전류가 몸 전체에 '찌르르' 흐르게 될 것이다.

'눈빛이 촉촉히 젖은 당신, 오늘은 유난히 예뻐요. 당신이 이렇게 이쁜 줄 잊고 지냈나 봐요. 당신의 가슴은 오늘따라 더 봉긋하고 귀여워요.'

칭찬을 할 때는 진심어린 말로 구체적인 칭찬을 해야 한다. 나지막한 소리로 속삭이는 목소리는 흥분의 도수를 한층 높여줄 것이다.

'오늘은 당신의 노예가 돼 줄게요. 당신이 시키는 건 뭐든지 할 테니 분부만 내리시면 당신을 불꽃의 나라로 보내드릴께요.'

남성은 자기 마음속에 떠오르는 성적인 말을 하지만, 그 말을 재치 있게 받아칠 수 있는 여성을 바라기도 한다.

여성들은 남성의 속삭임에 따라 뜨거워진다. 전희는 육체적인 애무만 있는 게 아니다. 더 중요한 것은 여성의 마음을 충분히 애무하는 것이다. 몸을 애무하는 것 못지않게 마음 구석구석에 도사리고 있는 성욕을 자극하는 것, 그녀의 기분이 둥실둥실 떠다닐 수 있는 자극적인 말을 해주는 것이 좋다.

'나는 정말 운이 좋은 남자 같애요. 이렇게 멋진 당신과 산다

는 게 너무 행복해요. 당신, 정말 사랑해요.'

남녀가 나누는 성적인 대화는 속삭일수록 뜨거워지고 흠뻑 젖게 마련이다. 때로는 상대의 신체 특정 부위를 두고 찬사를 보내면 아찔한 기분을 느낄 것이다. 그녀가 좋아하는 말을 해주면 성감이 춤을 추며 기뻐할 것이다. 섹스와 관련된 말을 속삭이는 것만으로도 사랑의 분위기를 활활 타오르게 할 수 있다. 이것이 참새 사랑의 교훈이다.

하루뿐이기에 더욱 간절한 '하루살이 사랑'

이번 과제는 〈하루살이 사랑〉이다. '하루살이는 어떻게 사랑하는지?' 연구해 보자.

하루살이는 7년간 물속에서 유충으로 인내하다가 성충이 되면 공중에 날아올라서 자기의 상대를 만나서 사랑을 하고는 물속에 떨어져서 죽는다. 사랑이 이렇게 멋진 것이다.

탐구 과제 ;

하루살이 사랑은 그저 그런 하찮은 사랑일까?

학자들에 연구 결과를 따르면, 하루살이는 5년에서 8년을 기다리다 맺은 사랑이라 한다. 그 그리움의 농도가 얼마나 짙을 것인가?

사람을 애타게 기다려본 사람은 안다. 그리움이 무엇인지, 그리움이 어떤 것인지를.

그리움이 극에 달하면 드디어 마지막에는 미치는 것이다.

그리움은 가슴이 타는 지독한 것이다. 그리움에 애달픈 사람은 자신을 의식하지 못한다. 그리움은 미치광이 취급을 당한다 해도 전혀 개의치 않는다. 그것은 체면도 위신도 내세우지 못할 만큼 강렬한 이끌림이다. 그리움은 상대를 생각만 해도 설레는 마음이다. 오직 그 한 사람을 생각하며 자신의 좋은 모습을 보여주고 싶고, 함께 있지 못해 안절부절못하는 처절한 몸부림이다.

그리움은 상대의 손길이 스치기만 해도 온몸에 불을 지른 것처럼 타오르는 마음이다. 그 사람 생각으로 한껏 들떠서 누구의 말도 들리지 않는, 오로지 그 사람이 모든 것이 되는 것이다. 상대를 생각만 해도 부끄러움이 밀려오고, 상대를 떠올리기만 해도 가슴 뭉클해지는 감동이 느껴지는 것이다.

너무나 보고 싶은 마음 때문에, 때때로 목이 마르고, 빗장쇄골뼈가 잉잉 울어대는 감전 상태가 더해지면 자신도 모르게 눈물이 북받치는 서글픔이 그리움이다.

하루살이가 수년간 그리움을 품고 오직 사랑의 짝을 만날 날을 학수고대해 왔다면, 하루살이의 사랑은 미치지 않고서는 할 수 없는 절박한 사랑이 될 것이다.

부부가 같이 살다 보면 사랑도 무디어지고 그리움도 어디론가 사라지고 그저 그런 날의 연속선상에서 밋밋한 부부관계가 되기 쉽다.

하루살이가 오매불망 그리던 사랑을 실현하는 그 자세로, 오늘이 첫사랑이자 내 생애 마지막 사랑이라는 심정으로 부부의 열정을 쏟는 뜨거운 시간을 누릴 수 있으면 좋겠다.

만약에 오늘 하루밖에 없다면 어떤 사랑을 나눌 것인가?
하루뿐이기에 더 간절하고, 하루뿐이기에 더욱 절실한 사랑, 미련도 후회도 없이 활화산보다 더 뜨거운 사랑을 불태우지 않으랴.

장단과 어울려 한배를 이루는 '학 사랑'

이번 과제는 〈학사랑〉이다. '학은 어떻게 사랑하는지?' 연구해 보자.

학鶴은 재두루미를 가리킨다. 학은 다른 새한테서 찾을 수 없는 기품이 있다.

비상이나 착지가 마치 경치가 신비스럽고 그윽한 곳을 날아오르는 것처럼 거의 예술에 가깝다.

탐구 과제 ;

학이 창공을 나는 고고한 날갯짓, 사뿐사뿐 걷는 발놀림, 제목을 날개 죽지에 묻는 고갯짓을 하면서 학 사랑을 연출한다.

사람이 바로 학이 되는 춤을 춘다. 남성이라면 검정 갓과 흰 도포 자락을 너울거리며 학을 연상케 하는 춤사위로, 여성이라면 우아한 한복을 입고 청초한 멋이 드러나도록 하늘을 나는 듯 천 년을 파닥거리는 날갯짓을 하면서 부부가 얼크러진다면 얼마나 아름답겠는가! 옷을 한 꺼풀씩 벗어가면서……

춤이란 무엇인가? 춤은 장단과 절묘하게 어울려 한 몸이 되고, 장단과 장단이 이어지면서 '한배'를 이루는 것이다. 남편이 장단을 치며 아내와 한배가 되고 싶다면 그녀의 장단을 이끌어 내야 한다.

그녀가 춤을 출 수 있도록 그녀의 일손을 돕는 부지런한 남편이 되는 것이다. 온종일 집안일에 고단한 그녀가 어깨춤 추도록 학춤도 좋고, 꿩 춤도 좋고, 오리 춤도 좋다.

먼저 청소기를 들고 집안 구석구석을 청소한다. 아내의 기분이 아침 햇살처럼 기쁨으로 충만해진다. 화장실 청소와 욕실 바닥 등을 깨끗하게 청소하는 등의 서비스를 해보라.

그 사이 아내는 설거지하고, 다음날 남편 도시락 반찬 만들고, 세탁기 빨래 돌리고, 주방 이곳저곳 걸레질하고 나서 주방에서 나온다. 아내가 목욕탕에서 샤워할 동안 남편은 세탁기 안의 빨래를 건조대에 보기 좋게 널고 나면 그날의 춤사위는 잇대어 물 흐르듯 자연스럽게 춘 춤의 완성이다.

남편의 예쁜 짓 춤사위에 만족한 아내는 한껏 즐거운 표정과 물기 머금은 알몸으로 목욕탕에서 나와 안방으로 향한다. 남편의 진정어린 춤의 대가로 아내는 침대에서 나긋나긋 황홀한 춤을 출 것이다.

여자는 남자하기 나름이요, 남자는 여자하기 나름이다.

정글의 왕 '호랑이 사랑'

이번 과제는 〈호랑이 사랑〉이다. '호랑이는 어떻게 사랑하는지?' 연구해 보자.

호랑이의 짝짓기는 순식간에 끝난다. 수호랑이는 암호랑이의 목덜미를 강하게 깨물고 사정을 하자마자 날렵하게 뛰어내린다. 암호랑이가 목덜미를 물린 데 대한 복수로 몸을 돌려 앞발로 따귀를 갈길 거라는 것을 알기 때문이다. 이처럼 호랑이의 짝짓기는 긴장감이 가득하다.

암호랑이의 배란이 임박하면 수호랑이는 15분마다 짝짓기를 해야 한다. 그들은 일주일 이내에 60~80회 정도의 짝짓기를 한다.

탐구 과제 ;

암호랑이가 임신하려면 일주일 이내에 최소한 60회를 사랑하지 않으면 안 된다고 할 때 수호랑이가 지쳐서 거부한다면 암호랑이는 그 수호랑이를 가만히 놔두지 않을 것이다.

사랑은 상대가 원하면 힘들고 고단한 게 문제가 아니다. 상대가 원하면 언제라도 기꺼이 응해 드려야 한다.

호랑이 사랑에서 충격적인 것은 사랑 행위가 끝날 때 암호랑이가 앞발로 수호랑이의 따귀를 갈기거나 상처를 입히는 장면이다.

성 전문가들은 부부 사이에 합의만 이루어진다면 '변태'란 없다고 말한다. 서로 의견이 일치하면 그 어떤 행위도 좋은 것이다.

인간은 동물과 달리 언제 어디서나 사랑을 할 수 있다. 섹스는 신이 주신 선물이다. 그 선물을 풀어보지도 않고 죽는 것은 참 바보 같은 일이다. 그 선물을 매우 고맙게 생각하고 그것이 마르고 닳도록 값지게 사용할 줄 알아야 한다.

부부의 사랑은 끊임없이 서로 연구하고 창조해내야 하는 것이다.

4부

性이 별거냐

남성 성기에 뼈가 없는 이유

대부분의 포유류와 다르게 인간 남성의 성기에는 뼈가 없다. 그 이유를 생각해 본다.

첫째, 대형 사고를 방지하기 위함이다. 남성 성기에 뼈가 없음으로 어디에 부딪쳐도 상처받지 않고 유연하게 대처할 수 있다. 만약 남성 성기에 뼈가 있다면 어디에 부딪치면 부러지거나 뼈에 금이 가거나 치명적인 상처를 입을 수 있다.

둘째, 관리의 편리성이다. 만약 남성 성기에 뼈가 있다면 그 불편함은 헤아릴 수 없을 것이다. 평소에는 의식하지 않으면 알 수 없을 정도로 얌전히 있음으로 해서 관리하는 데 편리하다. 성기에 뼈가 있다면 항상 발기된 상태로 존재할 것이고, 그 거추장스러움으로 말미암아 활동하는데 많은 불편을 겪게 될 것이다.

셋째, 남성 성기는 여성의 질을 전제조건으로 설계된 기관이다. 여성의 질膣은 성교시 음경의 움직임을 쉽게 하고 분만시 아이가 잘 지나가도록 탄력성이 뛰어나지만, 만약 뼈대 있는 남성의 성기로 자극한다면 즐거움보다는 고통이 훨씬 더 클 것이다.

그리고 여성의 질에 상처를 입힐 위험성이 있으므로 여성의 생식기를 보호하기 위하여 뼈 없는 남성 성기를 설계 제작한 것이다.

넷째, 창조주께서 당신의 대리자인 남성의 몸 중앙에 뼈 없는 사랑의 여의봉을 부여한 것은 사랑의 상대가 원할 때 즉시 응대하여 상대가 원하는 만큼 사랑을 가득 채워서 즐겁고 기쁘게 살라는 배려이다. 그것으로 상대를 흐뭇하게 하고 즐겁게 하고 더불어 사랑의 텃밭을 갈고 아름다운 사랑의 세계를 확장하라는 것이다.

다섯째, 남성의 성기가 뼈대 없이 원통圓筒으로 생긴 것은 사랑을 할 땐 통째로 몽땅 주라는 것이요, 늘 원만한 사랑을 하라는 것이요, 오직 하나의 사랑을 하라는 것이요, 진정한 사랑을 하라는 것이다.

귀두의 사명

귀두龜頭는 그 모양새가 거북의 머리를 닮았다 하여 귀두라 한다. 귀두는 마치 탐스러운 송이버섯을 연상케 한다. 귀두는 남성 생식기의 정점이요, 성감이 집결한 곳이요, 섹스 할 때는 선봉장 역할을 한다. 그는 여성의 진지에 선봉장답게 진격하여 자신이 맡은 임무를 수행하려고 언제나 최선을 다한다.

귀두의 역할은 첫째, 여성의 몸 안으로 진입하는 것이다. 따로 맡길만한 적임자가 없다. 오직 귀두만이 할 수 있는 일이다.

둘째, 피스톤운동으로 여성의 질 내부를 마찰하는 것이다. 여성이 남성의 성기를 아끼고 사랑해마지 않는 이유는 이 귀두의 진심어린 마찰력에 감동한 탓이다. 여성이 원하는 곳을 오른편 왼편 차별하지 않고 비비고 마찰한다.

때로는 얕게 삽입한 채 여성의 애간장을 태우며 흥분을 유발하고, 때로는 깊게 진입하여 벅찬 흥분을 선물한다. 귀두는 왕복운동을 거듭하며 질벽을 마찰하여 흥분의 도수를 높이는데 총력을 기울인다.

셋째, 남성 성기의 유용성은 여성의 질 속에서 발휘된다. 송이버섯처럼 생긴 이유는 먼저 남성 자신의 즐거움과 동시에 여성을 마음껏 기쁘게 하려는 신의 재치 있는 발상인데, 그 기쁨이 극에 달하도록 피스톤운동을 연거푸 하면서 여성의 자궁에 도사리고 있는 나쁜 기운을 말끔히 제거한다. 여성의 자궁을 정화하는 유일한 기관이 바로 남성의 귀두이다.

부부 관계를 자주하고 많이 하는 여성일수록 자궁은 활기차고 건강하기 마련이다.

남성의 피스톤운동은 여성의 자궁을 깨끗하고 말끔하게 할 뿐 아니라 새로운 활력을 선사함으로서 건강한 아기궁전으로서 위용을 유지할 수 있도록 일조한다.

이와 같은 사명을 담당하려면 남성은 평소에 성기와 그 주변을 청결하게 관리하여 성 건강에 이바지해야 한다. 특히 샤워나 목욕을 할 때마다 귀두를 뒤로 젖혀서 치구恥垢, 성기 주변에 축적되는 노폐물이 있는지 살펴서 깨끗하게 관리해야 한다.

불알의 가치

어린이 시절 할머니께서 가끔 쓰다듬어주시던 불알, 신랑의 고향 전라도에선 「붕알」이라고 한다. 「붕알!」 부르면 부를수록 더욱 정이 가는 이름이다.

문득, "고환睾丸"이나 "음낭陰囊"이라 하지 않고 왜 "붕알"이라 했는지 궁금했다.

한자로 친구 붕朋은 붕새 붕鵬이 원어로 '무리의 새'를 뜻한다. "붕알"이란 두 개의 알이 사이좋은 친구처럼 한 주머니 안에 있는 모습을 해학적으로 표현한 말이 아닐까 싶다.

"불알"은 "좆"과 함께 남성을 상징하는 두 축이다.

남성은 누구나 불알을 소유하고 있지만 소변을 볼 때도 그렇고, 여성과 섹스를 할 때도 딱히 쓰임새가 두드러지지 않은 까닭에 "좆"만큼 관심을 받지 못한 것도 사실이다.

어떤 사람은 섹스 할 때 덜렁대는 불알을 거추장스럽게 여기는 사람도 있다. 이것은 좆만 알고 불알의 가치를 잘 모르는 사람이다.

불알은 남성에게 있어서 좆만큼이나 중요한 기관이다. 어느 것이 더 가치가 있고 더 중요한가를 판가름하기 어려운 기관이다. 두 가지 다 없어서는 안 될 남성의 필수 조건이기 때문이다.

그러면 불알의 생김새와 쓰임새를 알아볼 필요가 있다.

첫째, 불알을 감싼 주머니를 보면 꼬불꼬불한 잔주름이 많이 있는데 이는 자동차의 라디에이터radiator처럼 열을 밖으로 내보내기 쉽도록 표면적을 최대한 넓히기 위함이다.

둘째, 좆과 불알이 몸 밖에서 따로 살림을 하는 이유는 불알이 어떤 환경에서도 태평성대를 누릴 수 있는 기후조건, 즉 온도를 무난히 조절할 수 있도록 하려는 슬기로운 조치이다. 불알주머니(음낭)가 부드럽고 신축성이 뛰어난 것도 온도에 따라 쉽게 늘어나고 오그라들 수 있도록 하기 위함이다. 이처럼 놀라운 능력을 갖춘 것은 언제라도 소중한 정자를 오롯이 보호하기 위해서이다.

셋째, 불알주머니 안에는 좌우에 불알이 있는데 이들의 크기가 조금 다르다. 이것은 달리기를 하거나 과격한 운동 또는 노동을 할 때 서로 부딪쳐서 깨지거나 손상을 입을까 봐 그 위험 요인을 사전에 대비하는 묘책으로서 그 크기를 다르게 한 것이다.

넷째, 불알이 정자를 생산하는 기능만 하는 것으로 알지만 사실은 그렇지 않다. 불알은 남성호르몬을 생산하는 내분비기관 중 하나로서 남성다운 목소리와 근육질의 체격과 수염 등을 만드는데 결정적인 역할을 한다.

크기는 하찮을지 모르지만 막상 불알이 없다면 남성은 생식기능과 성기능을 상실하게 된다. 이처럼 불알은 매우 중요한 것이므로 소중하게 모시면서 다치지 않도록 잘 보호하면서 삼가 주의해야 한다.

요분질에 관한 단상 1

　　　　속담에 "성교는 요분질 맛으로 한다."라는 말이 있다. 성감性感은 여성의 요분질에 따라 결정된다는 뜻이다.
　요분질은 여성이 성 감각을 찾아서 여성 자신의 성기 구석구석에 남성의 성기가 닿도록 허리를 움직이는 동작을 일컫는다.
　TV에서 보면, 걸그룹이나 댄서들이 어깨라인과 골반이 일직선이 되도록 허리를 세우고 무릎을 살짝 굽히는 기마자세로 골반을 왼쪽 혹은 오른쪽으로 밀듯이 말아 올리는 야릇한 동작을 종종 볼 수 있다. 일명 골반댄스라는 춤이다. 그 춤을 출 때 골반을 돌리는 동작이 곧 여성이 요분질하는 섹시한 몸놀림을 춤으로 승화시킨 눈부신 몸짓이다.
　요분질은 남성이 큰 대大 자로 눕고 그 위에 여성이 걸터앉아 남성의 가슴에 두 손을 짚고 허리를 이용해서 골반을 돌리면서 성 감각을 찾아 여행을 떠나는 아름다운 행위예술이다.
　보통 남성이 여성 위에서 사랑을 하다 보면 남성 위주의 관계를 하기 일쑤다. 그때 그 미흡했던 감각을 여성 자신이 주도권을 가지고 마음껏 율동하는 행위가 요분질이다.

남성 중에는 여성이 남성 위에 오르는 것을 달갑게 여기지 않는 사람도 있지만, 때로는 역할을 바꿔서 이끌도록 여성에게 주도권을 넘겨주는 아량도 필요하다.

여성은 마치 승마를 즐기는 기수와 같은 자세로 여성 자신의 기쁨을 찾아 리듬을 타는 것이다.

요분질은 여성 자신에게 유리한 체위에서 행할 수 있는 동작이다. 하지만 남성에게도 흥분의 도수를 높이는데 이보다 좋은 체위는 그리 많지 않다. 자신의 배 위에 걸터앉아 가쁜 숨을 몰아쉬는 그녀를 보는 것만으로도 두 눈은 충혈이 되고 피돌기는 어느 때보다 세차게 이루어진다. 이때 남성은 가만히 바라만 볼 게 아니라 여성의 궁둥이 율동을 도와주는 것도 간과할 수 없는 기분 좋은 동작이 된다.

남성은 요분질하는 여성, 실오라기 하나 걸치지 않은 본연의 모습으로 흥분을 부추기는 그 자태에 그만 넋을 잃는다.

요분질에 관한 단상 2

널뛰기를 할 때 한쪽이 내려가면 다른 한쪽은 높이 올라간다. 중요한 대목은 바닥을 치고 올라갈 때인데 몸이 높이 오르면 널빤지에서 발이 떨어지게 된다. 신나게 한껏 오를 때는 두 발과 널빤지 간격이 생기고 그 자리에 제대로 착지하지 못하면 낭패를 당한다. 이것은 연습을 통해 몸에 익어야 한다. 널뛰는 사람과 널빤지가 혼연일체가 돼야 한다. 이는 널뛰기만의 문제가 아니다.

여성상위에서 널뛰기를 떠올려 본다. 여성은 남성의 몸 위에서 신나게 즐겁게 흥겹게 기쁘게 요분질을 한다. 이 요분질은 여성의 몸놀림 특별히 엉덩이짓에 따라 기쁨이 요동치는 동작이다. 이때 천장을 보고 큰대자로 누워 있는 남성의 성기는 여성의 몸 안에 고스란히 들어간다. 남성 성기를 몸 안에 가둔 여성의 몸짓, 엉덩이짓은 참으로 아름다운 모습이다. 사랑의 연출에 있어서 둥근 원을 그리듯 오른쪽 또는 왼쪽으로 돌리고, 전진과 후퇴를 하면서 마찰하는 등 갖가지 율동을 할 수 있다. 이와 같은 동작에선 문제될 게 없다.

문제는 여성이 남성의 몸에서 높이뛰기, 즉 상하운동을 할 때다. 여성의 몸이 오르다 내려오면서 여성의 몸과 분리된 남성 성기가 여성의 몸속으로 들어가지 못하고 어딘가에 부딪쳤을 때가 문제이다.

여성상위는 여성의 체중이 그대로 오르락내리락 하는 행위이므로 제아무리 단단한 놈이라 해도 여성의 무게를 견뎌낼 수 없다. 이때 가장 조심해야 할 부상이 골절상이다. 여성이 즐겁고 기쁘다 해서 무리한 높이뛰기, 무리한 엉덩방아를 찧는 행위는 매우 위험한 일이다.

남성 성기가 15센티미터일 경우 여성의 몸은 그 범위를 벗어나지 않도록 주의해야 한다. 신난다고 20, 30센티미터 이상 높이 뛰다가는 낭패를 당할 수 있다.

고난이도 동작은 평소에 실력을 연마해야 한다. 남성은 여성이 고난이도 율동에 도전할 기회를 줘야 한다. 연습도 하지 않고 잘하는 사람은 없다. 그러므로 난이도가 낮은 동작부터 단계적으로 수준을 높이도록 배려해야 한다.

요분질을 하지 않으면 부부 관계의 맛을 제대로 알 수 없다. 그것이 섹스의 다는 아닐지라도 부부 관계에서 빼놓을 수 없는 재미라는 것을 기억해둘 필요가 있다.

결혼식은 성개방식이다

본래 결혼식은 성개방식性開放式이다. 한 여성이 한 남성에게, 한 남성이 한 여성에게 비로소 육체적 관계性 ; sex를 개방하는 의식을 결혼식이라 한다. 그것은 일가친지—家親知를 모시고 양가 부모님이 지켜보는 자리에서 선서하고 맹세하고 두 사람의 장래를 약속하는 무엇보다 중요한 의식이다.

부부는 만천하에 약속을 하면서 출발한 관계이다. 서로 가문의 명예를 걸고 자신의 인생을 걸고 약속한다. 부부 사이에 신뢰가 바탕이 돼야 하는 이유는 철석같은 약속으로 시작했기 때문이다.

결혼 주례사의 주요 내용은 "이제부터 부부가 비가 오나 눈이 오나 바람이 부나 변함없이 상대를 사랑하겠느냐?"이다. 이때 신랑 신부는 만인이 지켜보는 엄숙한 자리에서 "예!"라고 대답한다.

때때로 비가 내리고 바람이 불고 날씨의 변화가 심한 것처럼 부부의 삶에 거친 파도가 일고 비바람과 눈보라와 태풍이 몰아

쳐도 그 약속을 지키겠다는 선포이다. 이 선포와 동시에 부부는 성을 개방하는 것이다.

성 개방 기간은 두 사람이 이 땅에서 생生을 아름답게 매조지하는 그날까지이다. 성개방의 상대는 결혼식을 통해서 아내의 자리를 획득한 여성은 오직 자기 남편한테만, 결혼식을 통해서 남편의 자리를 획득한 남성은 오로지 자신의 아내한테만 성을 개방한다는 천금보다 더 중요한 약속이다.

그 무엇보다 성性 문제는 엄중한 책임이 뒤따른다. 절대로 본인만 즐겁고 자유롭다 해서 되는 사안이 아니다. 성(섹스)은 독단적인 판단이나 행동으로 정당화될 수 있는 사사로운 문제가 아니다.

결혼식을 통한 성 개방은 부부 사이에서만 적용되는 사항이다. 성 개방은 달리 표현하면 프리섹스free sex이다.

여기서 말하는 프리섹스, 즉 부부의 성생활은 언제 어디서나 자유롭게 즐길 수 있는 것임을 뜻한다.

부부가 사회적, 도덕적 관습 안에서 자유롭게 사랑을 나누는 생활이 진정한 의미의 성해방性解放이라 할 수 있다.

부부 관계를 해야 하는 이유

자연 현상을 모델로 인간의 사랑 세계를 탐구한다.
화창한 하늘에 구름이 둥실둥실 떠 있다. 검은 구름 하얀 구름이 하늘을 뒤덮고 나면 하늘 어딘가에 숨어 있던 어마어마한 양전기와 음전기가 서로 그리워서 만난다. 그들이 만나는 소리는 조용하지 않다. 천하를 호령할 듯 우르릉 쾅쾅 이쪽 하늘에서 저쪽 하늘까지 우주를 쪼갤 듯 우르릉거리다가 번개를 친다. 그 빛은 가히 인간들이 가슴을 졸이며 두 손을 모아 기도할 만큼 엄청난 빛으로 세상에 내리비친다. 그렇게 거대한 양전기와 음전기가 사랑을 나누고 나면 감동의 비, 감격의 비, 황홀에 겨운 축복의 비가 온 천하에 내린다. 이 땅에 존재하는 산천초목은 사랑의 비를 맞으며 감사와 기쁨으로 숙연해진다.

남성과 여성의 사랑, 두 사람이 사랑을 나누고 나면 온몸에 땀이 흐르고 사정의 축포가 터진다. 남성의 여의봉에서 기쁨을 발산한다. 그 기쁨은 여성의 몸 가운데에 마련된 우주, 자궁 우주에 찬란한 빛으로 내리비친다.

사정의 목적은 임신이지만 남성이 사정할 때마다 임신하지는 않는다. 부부가 평생 동안 수천 번, 수만 번의 결합을 하더라도 생명 탄생으로 이어지는 경우는 고작 몇 번 뿐이다.

조물주는 어찌하여 남성에게 그 허다한 정자를 부여하셨는가?

왜 인간은 시시때때로 사랑 행위를 하는가?

부부 사랑 관계는 신의 사랑을 확인하는 숭고한 작업이다. 인간은 사철을 두고 사랑의 꽃을 피우며 신께 기쁨을 돌려드리고 영광을 돌려드리고 찬양하도록 지음 받았다. 신은 인간의 사랑을 통해서 기쁨을 만끽하시고자 하셨고 인간은 그 행위를 통해 신께서 의도하신 그 목적을 훌륭히 이루어 드려야 한다.

부부 관계를 하는 이유는 극치의 기쁨을 누릴 수 있기 때문이다. 남성에게는 말할 것도 없고 여성에게도 자궁 우주에 환희의 세상이 밝아오는 것이다. 이것이 신의 모습을 닮아가는 과정이다.

신은 인간을 끝없이 사랑하시고 인간을 통해서 사랑을 받고 싶고 인간과 더불어 사랑을 누리시고자 인간을 창조하셨다. 또 신은 사랑을 통해 인간 완성의 길을 모색하셨음이다. 부부 사랑의 기쁨을 만끽하는 영혼은 신처럼 맑은 영혼으로 다듬어지고 신처럼 밝은 모습으로 완전해진다. 부부 관계의 묘미는 두 사람이 관계를 거듭함으로서 완전한 영혼으로 성숙해지면서 신을 닮아가는 것이다. 신의 형상으로 닮아가는 주요한 거름이 바로 부부 관계를 통한 극치의 기쁨이다.

부부 관계에서 비롯한 기쁨은 부부의 몸을 영적으로 불사르는 것으로 이는 사랑의 세포를 세척하는 역할을 한다. 세상의 잡다한 때는 세포를 오염시키고 병들게 한다. 부부 생활은 몸에 사랑의 불을 질러 오염된 세포를 태움으로서 맑고 청정한 세포로 가꾸는 일이다. 부부 관계를 꾸준히 해야 하는 이유이다.

부부 예절

이 세상에 가장 가까운 관계가 부부다. 실오라기 하나 걸치지 않고 사랑을 나누는 관계보다 더 친밀한 관계는 없다.

그런데 사람은 가까운 것에 고마움을 망각하는 일이 종종 있다. 가까울수록 더 존중해야 하는데 오히려 가깝기 때문에 소홀하기 쉽고 무시하는 수도 있다. 특히 부부간의 문제는 가깝기에 반드시 지켜야 할 예의를 생략하는 경우도 있는 것이다.

남편은 남편으로서 갖춰야 할 예의가 있고 아내는 아내로서 갖춰야 할 예의가 있다.

부부가 관계를 하기 전에 하늘 앞에 기도하는 것이 좋다. 그리고 부부가 마주보고 맞절을 하는 것도 좋다. 절은 상대를 최고로 존중한다는 표현이다. 늘 고맙고 사랑스럽고 애틋한 관계이지만 사랑을 나누기 전에 부부의 자세를 재정립하는 차원에서 맞절을 하고 포옹을 하고 기도를 하는 의식을 거친다면 최고의 사랑이 이루어질 것이다.

부부 사랑의 예의로서, 부부관계를 하기 전에 반드시 자신의 몸을 씻는 습관이 필요하다. 이를 닦는 일도 잊어서는 안 된다. 샤워를 해서 몸을 깨끗이 하는 일은 부부가 함께 사는 동안 지켜야 할 기본 예의이다.

애무를 할 때 혹시 상대방의 몸에서 나쁜 냄새가 나서 역겨움을 느낀다면, 그렇게 상한 기분을 회복하는 데는 상당한 시간이 걸릴 수도 있다. 또는 그다음부터 애무를 기피할 수도 있다. 사소한 것 같지만 손톱이나 발톱이 길지 않은지도 점검해야 한다. 상대방의 몸에 상처를 입힐 수 있기 때문이다.

혹여 상대의 몸에서 나쁜 냄새가 나더라도 그 자리에서 책망하지 말고, 나중에 기분 좋을 때, 사랑을 나눈 후에 '이런 부분은 시정하는 게 좋다고 생각한다.' 며 넌지시 일러주는 배려가 필요하다.

부부가 함께 사는 일은 가깝기 때문에 더 조심하고, 하나가 돼야 하는 관계이기에 더 깍듯이 예의를 갖출 때 부부관계는 더욱 아름다워지고 돈독해진다. 늘 좋을 수만 없겠지만 애써 노력하다 보면 어느새 행복의 보금자리엔 웃음꽃이 피고 기쁨 넘치는 천국의 터전이 밝아올 것이다.

사랑 탐지기

포클레인Poclain의 엄청난 힘을 본 적이 있는가? 사람이 몇 날 며칠 해야 할 일을 순식간에 해치운다. 포클레인의 원형은 사람의 손이다.

손이 지니고 있는 놀라운 가치를 알아야 한다. 특히 부부 생활에서 손이 부리는 마력을 체험해야 한다. 손은 사랑 탐지기이다. 온종일 집안일에 지친 아내의 몸을 남편의 손으로 만져 주라.

부부는 지압에 관해 기본을 배워야 한다. 가까운 찜질방에 가서 전문 지압사에게 몸을 맡기고 피로를 풀면서 어느 부위를 누르면 시원하고, 어느 부위를 누르면 기분이 좋은지 몸으로 느껴 보는 것도 좋다. 이와 같은 체험을 통해서 상대의 어디를 어떻게 지압하면 좋은지를 알 수 있다.

사랑하는 남편 손이 사랑 탐지다. 아내의 어깨에 두 손을 얹고 지압사의 손맛을 재현한다. 아내의 반응도 체크한다. 부부 사랑은 결코 하루아침에 완성되지 않는다. 여러 차례 시행착오를 거치면서 지혜를 얻고 적잖은 실수를 통해서 점자 성숙해지는 것이 사랑이다. 손은 부부 사랑을 가꾸는 아주 쓸모 있는 도구다. 그보다 재치 있는 신체 부위가 어디 있으랴 싶을 만큼 발군의 실력자가 손이다.

손은 사랑 탐지기探知機인 동시에 사랑 주입기注入器이다. 손을 통해 상대의 몸에 사랑을 주입한다는 것은 대단한 일이다. 그게 지압으로 얼마든지 가능하다. 남편의 마음은 손에 있다. 남편의 사랑도 두 손에 왕성하게 감돌고 있다. 지압 행위를 통해 자동차에 기름을 넣듯이 남편의 사랑이 아내의 몸으로 들어간다.

이때 중요한 건 아내를 대하는 남편의 자세이다. 아내의 고단한 몸을 풀어주고 싶은 남편의 열망이 어떠냐에 달려 있다. 심드렁한 마음 그저 형식적인 태도에서는 사랑이 주입되지 않는다.

아내의 긴장과 피로를 풀어주려는 남편의 열망이 손끝에 머물 때 지압 시간이 짧을지라도 아내는 언제 그랬냐는 듯 거뜬하게 몸을 일으켜 하늘을 날 것 같은 기분을 느끼게 된다.

부부가 서로 몸을 만지는 일은 사랑 감각을 일깨우는 매우 바람직한 몸짓이다. 사랑 탐지기를 잘 활용하면 부부 관계는 날로 돈독해지고 도타운 정이 살뜰해진다.

지압을 할 때 기준은 나 자신이다. 내가 지압을 받을 때 어떻게 할 때 기분이 좋았는지 그걸 떠올리면서 상대에게 봉사하면 적중할 수 있다. 그리고 간간이 상대에게 자신의 손맛이 어떠한지 물어보라. 지압을 통해서 부부 사랑을 키우는 스킨십은 당연히 얻을 수 있는 덕목이지만 서로 정다운 대화를 주고받는 깊은 영적 교류가 더해진다면 금상첨화이다.

부부의 애정은 그냥 생기지 않는다. 상대를 손으로 만져라. 상대가 좋아한다면 밤새도록 만져주라. 졸면서도 만지고 누워서도 만지고 자면서도 만져라. 만질 때마다 행복지수가 쑥쑥 올라갈 것이다. 누가 먼저 해야 한다는 건 없다.

사랑 탐지기는 남성의 전유물이 아니다. 여성도 사랑 탐지기로 남편을 늘 체크하면서 애정전선에 이상은 없는지 살펴보고 두드려보고 확인하는 슬기로운 삶을 운영해야 한다.

부부 마사지

"역사는 밤에 이루어진다."라는 기특한 말이 있다. 역사가 어찌 밤에만 이루어지랴만 밤에 할 수 있는 일을 통해서 역사를 새롭게 창조해보자. 일명 밤일이다. 밤일이라 해서 이상하게 생각할 것 없다. 부부 마사지에 관해서 말하고자 한다.

자연도 숙면으로 빠지는 밤. 그 밤에 부부가 토종꿀보다 달콤한 수면을 위해서 마사지를 하는 것이다.

먼저 방바닥에 담요를 깔고 그 위에 큰 수건을 펼쳐놓는다. 몸에 바를 베이비오일이나 마사지크림을 준비한다.

부부 마사지는 본연의 모습이라야 한다. 낮에 체면상 걸쳤던 모든 형식에서 탈피한다. 옷을 다 벗는다. 마사지하는 사람도 마사지를 받는 사람도 옷을 다 벗는다. 이것이 바로 평등이다. 이래야 마사지하는 맛이 난다.

방안 기온이 어떠냐 하는 것에 신경 써야 한다. 겨울철에는 난로를 켜놓고 시작해야 한다. 자칫 감기에 걸릴 수 있다. 봄이나 가을이라도 서늘한 기온에 몸을 보호해야 하므로 온도를 잘 조절해야 한다. 여름철이라도 너무 에어컨을 빵빵하게 틀지 않는 것이 좋다. 사랑은 끈적거리는 맛이 있어야 운치가 있는 법이다.

여성을 우선해야 복도 받고 가정이 평화롭다 해서 아내를 준비된 자리에 정중히 모시고 큰 대자로 엎드리는 자세를 취하도록 한다. 남편은 준비한 오일을 손바닥에 적당히 붓고 두 손바닥을 비빈 다음 그녀의 등허리에 골고루 바른다. 바를 때는 있는 정성 없는 정성을 모아서 그녀의 뒷목 아래부터 널찍한 등허리를 거쳐 곡선미의 절정, 궁둥이까지 손바닥에 약간 힘을 가하면서 원을 그리듯 문지른다.

남성은 여성의 몸 왼편 또는 오른편에 무릎을 꿇은 자세로 봉사활동에 들어간다.

마사지도 지압과 다를 바 없다. 지압할 때와 같이 두 엄지손가락으로 혈穴-지압점 자리를 꾹꾹 눌러준다. 그리고 오일이 충분히 묻은 두 손바닥을 활용한다. 왼손바닥은 왼쪽으로 원을 그리고, 오른손바닥은 오른쪽으로 원을 그리면서 문지르는 동작이다. 상대방이 좋아한다면 같은 부분을 오랫동안 반복해도 좋다.

아내의 수고로 말미암은 하루의 찌든 피로를 남편의 손으로 깔끔하게 정리하는 시간이다. 남편은 이 절호의 기회에 좋은 점수를 딸 수 있다. 이때 묵묵히 손만 놀리는 것은 바람직하지 않다.

마사지를 하면서 아내에게 하고 싶었던, 그간 차마 하지 못했던 사랑의 말을 속삭인다. 마사지 효과는 입 꾹 닫고 할 때보다 수십 배 올라갈 것이다.

  마사지는 등허리를 중심으로 시작했으나 마무리는 전면에서 하는 것이 좋다. 마사지를 받느라 눈도 코도 입도 가슴도 눌려서 힘들었던 것을 해방시켜줘야 한다. 얼굴에서부터 목을 지나 가슴과 아랫동네까지 적당히 오일을 바르고 정성껏 문지르고 비비고 누르고 돌리면서 마무리해야 한다.

  마사지를 받고 나면 그 사람의 입가에 흐뭇한 미소가 흘러야 한다. 고맙다는 말이 저절로 나오고 수고했다는 말이 쏟아지면 성공적인 마사지를 한 것이다. 그것만으로는 아쉽다고 느낀다면 제2막 1장은 부부의 눈빛과 두 사람의 마음이 시키고 몸이 하자는 대로 따르면 된다.

부부 함께 목욕하기

부부가 함께 목욕하는 것은 신나는 일이다. 그리 넓지 않은 공간이어도 좋다. 부부가 욕조에 몸을 담그고 상대의 모습을 그윽이 바라보는 일은 무척 즐거운 일이다.

부부 생활이란 같이 살면서 추억을 쌓는 일이다. 사랑의 감정은 행위를 통해서 깊어지고, 아기자기한 추억은 사랑의 감정을 성숙시킨다. 즐거운 추억, 기쁜 추억, 애틋한 추억, 자다가 일어나 생각해도 가슴 떨리는 추억이 많은 부부일수록 행복한 부부이다.

욕실에서 알몸으로 마주보며 손을 맞잡고 웃어 보라. 그 어떤 웃음보다 해맑고 행복한 웃음이 될 수 있다. 웃다가 눈물이 나도 좋다. 물에 잠긴 상대의 몸을 보며 부부이기에 이럴 수 있다는, 이런 기꺼운 행운도 있다는 것을 감사히 여길 줄 아는 기쁨을 만끽하는 것도 좋다.

마음이 동하거든 상대의 몸을 건드려 보고, 거기에서 기쁨이 유발될 수 있다면 어떤 장난도 좋다.

욕실에서 손으로 거품을 내서 서로의 몸을 구석구석 닦아주면서 전희를 한다. 그 미끈미끈함이 주는 자극은 한층 강렬하다. 서로의 몸을 탐닉하는 것만으로도 강한 쾌감을 느낄 수 있다.

부부는 사랑을 창조하고 연출하는 주인공이고, 사랑은 여전히 미개발 상태이다. 둘만의 사랑 농장을 만들어 사랑을 경작하는 것이다. 부부 사랑 농장에는 온갖 과실을 맺는 과실수를 즐비하게 심어서 철따라 맛난 과일을 먹을 수 있도록 한다. 어떤 때는 달콤한 과일, 때로는 새콤한 과일, 때로는 무릉도원에서나 먹어봄직한 천도복숭아도 즐길 수 있도록 한다.

부부 사랑 농장에는 향기로운 꽃밭도 만든다. 봄부터 여름, 가을, 겨울, 사계절 어느 때라도 꽃을 구경할 수 있는 화원이면 더 없이 좋다. 향기 그윽한 허브도 종류별로 심어 심신의 피로를 씻어주는 사랑 농원을 가꾼다.

정신을 맑게 하고 기분을 상쾌하게 해주는 피톤치드 활기찬 숲을 조성하여 때때로 둘이서 손을 잡고 호젓하게 산책할 수 있도록 한다.

부부가 상상력을 발휘하면 이 세상에서 최고로 아름답고 향기로운 사랑 농장을 경영할 수 있다.

부부가 함께 목욕하는 것도, 샤워를 즐기는 것도 사랑 농장에 속한 하나의 시설에서 즐기는 부부놀이다. 부부가 더불어 사는 동안 얼마나 애틋한 추억을 쌓느냐 하는 것이 중요하다. 물론 물질적으로 풍부하면 좋지만, 사랑의 부자가 되는 것이 더 바람직한 일이다.

부부가 함께 목욕하는 것이 영화 한 편 보는 것보다 즐거운 일이어야 한다. 프로야구 한 경기를 관람하는 것보다 더 신나고 흥분되는 시간이 되도록 정성어린 손길로 상대의 몸을 씻어줘야 한다. 정성껏 도자기를 닦듯이 상대의 몸을 닦아주고 밀어주고 쓰다듬어주는 손길로 TV 드라마를 보는 것보다 더 기분 좋은 일이 될 수 있도록 서로의 몸에 손길을 각인시켜야 한다. 남편의 손길이 스치는 곳마다 사랑의 흔적이 지워지지 않도록, 아내의 손길이 스치는 자리마다 추억이 보석처럼 빛나도록 한다.

부부가 함께 목욕하면서 상대의 몸에 자신의 정성을 그리고 생각을 각인시켜야 한다. 옷을 갈아입을 때마다 상대를 생각할 수 있도록, 몸을 씻을 때마다 상대가 보고 싶도록, 샤워할 때마다 상대가 그리워 성감이 돋도록 애틋한 사랑의 목욕을 하는 것이 필요하다.

사랑의 배터리

인간은 사랑을 먹고 산다. 어릴 적에는 부모님의 사랑을 먹고 산다. 젖이 곧 사랑이다. 밥이 사랑이다. 먹는 것만 사랑이 아니라 관심이 사랑이다. 어머니 아버지의 관심을 받고 칭찬을 받고 격려를 받고 사는 것이 곧 사랑을 먹고 사는 것이다.

결혼을 하면 차원이 다른 사랑을 먹고 산다. 아내는 남편의 사랑을, 남편은 아내의 사랑을 먹고 사는데, 어린 시절에 느낀 부모님 사랑의 메뉴는 메뉴대로 남편과 아내 사이에서 지속하면서, 부부의 사랑은 섹스sex(남녀가 육체적으로 관계를 맺음)라는 별천지와 같은 색다른 패턴의 사랑을 공유하고 산다.

요즈음 휴대전화가 얼마나 좋은지, IT Information Technology(정보기술)의 강국다운 최상의 품질과 기능을 갖춘 휴대전화가 세상을 바꿔놓고 있다. 일명 스마트폰Smartphone을 통해서 인터넷은 물론 카카오스토리 등의 통신서비스가 날로 업그레이드되고 있다. 이 스마트폰을 사용하는 통화량이 많은 사람은 매일 배터리를 충전해야 한다. 배터리가 다 되면 아무리 기능과 성능이 좋은 스마트폰도 무용지물이 되고 만다.

  인간도 사랑을 충전함으로써 활기찬 생활, 즐거운 인생을 살도록 지음 받았다. 인간이 휴대폰 배터리를 충전하듯 사랑을 충전할 수 있을까?

  남성과 여성은 본래 하나가 됨으로서 조화가 이루어지고 역동적인 관계가 성립한다. 정자와 난자가 하나 돼야 새로운 생명이 태어날 수 있듯이 남성과 여성이 섹스를 통해서 한 몸을 이룰 때 하나님의 사랑을 소유할 수 있고 그때 사랑 충전이 가능하다. 남성 생식기와 여성 생식기는 전지의 충전점과 같은 역할을 한다.

  동물은 대부분 발정기에만 교미를 한다. 하지만 인간은 언제라도 성교를 할 수 있도록 하나님께서 특권을 부여하셨다. 즉 남성과 여성이 한 몸을 이룰 때 생식기관을 통해서 사랑을 가득 채우게 된다. 다시 말하면, 하나님은 사랑의 충전기요, 인간의 생식기관은 사랑을 채우는 배터리battery와 같다. 그러므로 인간에게 특별히 부여하신 사랑을 누리는 부부는 매일 같이 신비로운 사랑을 충전할 수 있다.

  아무리 똑똑하고 잘난 남성도 혼자서는 사랑을 충전할 수 없다. 아무리 아름다운 여성도 혼자서는 그 황홀한 사랑을 충전할 길이 없다. 남성과 여성, 여성과 남성, 이 두 사람의 생식기가 하나 돼 기쁨을 만끽하는 그 자리에서 비로소 사랑을 100% 충전할 수 있는 것이다.

성희롱 예방교육

서울특별시 송파구 H아파트에 근무하는 장모(72·남) 씨와 같은 아파트 109동 211호에 사는 초등학교 5학년(12·여) 여학생 사이에 성추행 사건이 일어났다.

장 씨는 H아파트에서 16년째 경비원으로 일하고 있었으므로, 그 여학생의 어린 시절, 곧 갓난아기 때부터 자라나는 모습을 줄곧 지켜보았을 뿐만 아니라, 서로 아는 체 인사도 나누면서 지내 온 터였다.

20××년 3월 2일(수) 저녁, 경비원 장 씨는 늘 그랬던 것처럼 초소 앞을 지나가는 그 여학생에게 "학교에 갔다 왔어?" 하면서 악수를 했다. 장 씨는 그날따라 악수를 하면서 오른손 검지로 그 여학생의 손바닥을 긁어 간질이는 장난을 쳤다. 여학생이 자지러질 듯 깜짝 놀라 손을 빼려고 하자 이번에는 오른팔로 여학생의 목을 안고 "뽀뽀 한 번 해보자!" 하면서 자신의 입술을 여학생 입술에 갖다 대는 시늉을 했다. 여학생은 겁에 질려 외마디 소리를 지르면서 장 씨의 손을 뿌리치고 109동 현관문으로 급히

들어가 비상계단을 타고 2층으로 올라갔는데 장 씨가 그 계단 아래까지 뒤쫓아 따라갔다는 것이다.

그 여학생은 일을 마치고 밤늦게 돌아온 어머니께 장 씨의 해괴한 언행을 고스란히 일러바치면서 "그 아저씨가 무서워 죽겠어요."라는 말까지 했다는 것이다. 그의 부모는 딸아이의 이야기를 주의 깊게 거듭 확인하면서 경비원 장 씨를 심히 괘씸하게 여기고 경찰서에 신고했던 것이다.

급기야 3월 3일(목) 새벽 2시 30분경 두 대의 경찰차와 경찰관 세 명이 H아파트에 들이닥쳤고, B조 경비반장을 통해서 해당 부모와 사건 당사자 장 씨를 즉시 호출했다. 그리고 새벽 3시경 장 씨를 연행한 경찰차 두 대가 그들 일행을 싣고 송파경찰서로 향하였다.

위 사건으로 말미암아 결국 본사 김 부장이 사건 발생 3일째인 3월 4일(금) 오전 6시부터 7시까지 성희롱 예방교육을 하게 된 것이다.

공교롭게도 대한민국 정부는 국민안전을 위해 반드시 척결해야 할 범죄로서 성폭력, 학교폭력, 가정폭력, 불량식품 등을 4대악으로 규정하고 근절운동을 강력하게 추진하고 있다.

그 중에서 첫째가 성폭력이다. 성폭력의 사전적 의미는 성희롱, 성추행, 성폭행 등을 모두 포괄하는 개념으로 성을 매개로 상대방의 의사에 반해 이루어지는 모든 가해행위를 뜻한다.

첫째, 성희롱은 성(性)에 관계된 말과 행동으로 본인의 의도와

상관없이 상대방에게 성적 불쾌감, 성적 수치심, 성적 굴욕감, 성적 혐오감을 주는 행위를 말한다. 여하한 경우라도 성관련 언사言辭와 행동을 주의해야 한다.

둘째, 성추행은 일방적인 성적 만족을 얻기 위하여 물리적으로 신체접촉을 가함으로써 상대방에게 성적 수치심을 불러일으키는 행위를 말한다. 따라서 이성의 몸에 손을 대는 것을 엄격히 금지한다. 가령, 어린이가 넘어졌을 경우에 일으켜 세우는 데까지는 가능하나 옷에 묻은 먼지를 털고 손이나 머리, 어깨 등을 잡고 만지는 행위는 금해야 한다. 선의적인 행위라도 오해의 소지가 많으므로 여자어린이에 각별히 주의해야 한다.

셋째, 성폭력의 하나인 성폭행은 강간과 강간미수를 의미한다. 강간은 폭행 또는 협박을 가해 사람과 교접행위를 하는 것을 말한다.

그러므로 아무리 예뻐도 예쁘다고 만져서는 안 된다. 만지면 크게 탈이 날 수 있다. 아무리 귀여워도 쓰다듬으면 안 된다. 무심코 쓰다듬다가는 큰 문제가 될 수 있다. 아무리 사랑스러워도 사랑스럽다고 몸으로 표현하면 안 된다. 혹시라도 안아주다가는 예기치 못한 수모를 당할 수도 있다.

남녀가 엄격하게 내외(남의 남녀 사이에 서로 얼굴을 마주 대하지 않고 피하다.)하던 조선 시대보다 더 삼가 조심해야 할 시대가 21세기 대한민국의 현주소인지도 모른다.

지금까지 性은 우스갯소리의 급소가 되었고, 농담의 단골메뉴

Menu가 되었고, 음담패설의 핵심이 돼서 흥밋거리를 일삼는 자들의 입방아에 수없이 오르내렸고, 성은 더할 나위 없이 아주 나쁜 화제의 중심에 우뚝 서 있었다. 그러한 까닭에 性은 누구나 그리워하는 것이면서 싫어하는 것이 되었고, 최고로 아름다운 것이면서 최고로 추잡한 것이 되었고, 최고로 귀한 것이면서 최고로 천한 것으로 취급해온 것 또한 사실이다.

하지만, 바야흐로 아름다운 性 고귀한 性의 시대가 열린 것이다. 性에 관해서 함부로 말할 수 없는 시대가 되었다. 性에 관해서 함부로 지껄이고 행동했다가는 여지없이 부끄러움을 당하는 시대가 되었다.

오늘날 정부에서 성폭력을 제일 나쁜 죄악으로 다루는 것을 보면, 그만큼 性의 세계에 인간의 존엄한 가치가 깃들어 있음을 어림잡을 수 있다. 성희롱, 성추행, 성폭행, 성폭력 등은 이 지구별에서 하루 빨리 말끔히 사라져야 할 추태醜態(더럽고 지저분한 짓)이다.

이 세상에서 으뜸으로 가치 있는 길이 무엇인가? 남성의 性, 여성의 性, 그것을 존귀하게 여기며 사는 길이 진정 가치 있는 삶이다.

더 나아가 性은 무서운 것이다. 무서울 뿐만 아니라 지극히 귀한 것이고, 귀할 뿐만 아니라 지극히 가치 있는 것이다. 이 세상 그 무엇보다 가치 있는 것이기 때문에 지극히 아름답고 지극히 선한 것이다.

역사적으로 남성 자신이 선하지 못한 것은 性생활 때문이었다. 여성 자신이 선하지 못한 것 또한 性(생활)으로 말미암은 것이었다. 모름지기 인간의 가치 기준은 외모에 있지 아니하고 자신이 소유하고 있는 性에 있는 것이다. 性 질서가 무너질 때 제아무리 가치 있고 귀한 것도 순식간에 다 깨져버린다.

설마하니 72세(경비원) 노인이 여성으로써 이제 막 꽃망울 맺은 12세 소녀(여학생)를 성적性的 상대로 여겼을까마, 단 한 번의 빗나간 언행 탓에 16년간 근무했던 그 직장에서 경찰서로 강제 연행되던 날 찍소리 한번 못하고 불명예 퇴직하게 되었고, 하루아침에 범죄자가 되었다. 그것도 소소한 범죄가 아니라 천하에 몹쓸 아동성추행범이 되었다. 엉겁결에, 그는 인간의 가장 아름다운 性을 더럽힌 성범죄자라는 레테르letter를 붙인 채 칙칙한 삶의 뒤안길로 사라져가야만 했다.

왜 입덧을 하는가?

　　　　평소에 잘 먹던 음식도 먹지 못하고, 겨우 먹었던 음식마저 다 토해내는 입덧, 구정물을 쏟아내면서 눈물짓는 입덧은 무엇을 위한 돌발사태인가?

바야흐로 여성의 몸에 새로운 생명이 태동하고 있음을 알리는 선포의식이다. 여성의 몸 전체가 비상사태에 돌입했다는 것을 의미한다.

여성은 새로운 생명을 아무 사고 없이 온전하게 성장하도록 보호해야 할 책임감으로 무장한다. 생각하는 것도, 먹는 것도, 마시는 것도, 일어나고 앉고, 오고가는 것도, 말하는 것도, 일하는 것도, 잠을 자는 것조차도 새 생명을 위하여 총력을 기울이게 된다.

그러나 남성은 씨앗을 뿌려만 놓았지, 여성이 감당해야 할 수고로운 노정을 아직 눈치도 채지 못하고 있다. 입덧은 남성이 여성에게 관심하도록 유도하는 기막힌 사건이다.

남성은 여성의 역할 수행에 따라 장차 아빠가 되는 영광을 얻는다. 이제부터는 한 남성으로써 아내를 대하는 태도에서 아내가 아닌 한 아이의 엄마가 되는, 지상 최고의 성업^{聖業}에 동참하라는 메시지를 던지고 있는 것이다.

남성은 이제 예비 아빠로서 장차 태어날 아이가 어떻게 잘 자라야 할지, 그를 위한 자신의 역할이 무엇인지를 곰곰이 생각해야 한다. 이보다 중요한 일은 없다. 이보다 가치 있는 일은 없다.

아이의 엄마가 될 아내가 신의 역할을 대행함에 있어서 뜻을 같이하여 역사적인 과업을 달성하는 그날까지 적극적인 협조를 하라는 호소이다. 씨만 뿌려놓고 무책임한 남편이 되지 말라는 뜻이다.

이제부터는 아내가 무엇을 먹고 싶어 하는지 물어보고 원하는 과일이나 음식이 있을 때는 즉시 구해서 바쳐드려야 한다. 임산부가 음식을 원하는 데는 다 이유가 있다.

임신 기간에 여성은 그전과 전혀 다른 심리상태에 처한다.

새 생명이 아무 탈 없이 탄생할 수 있을지, 늘 조심스러운 생활의 연속이다. 그때마다 남편은 든든한 동지가 되어 아내가 밝고 즐거운 마음으로 콧노래 부르며 지낼 수 있도록 지원해야 한다.

생명을 창조하는 일은 설레고, 환희에 사로잡혀 사는 나날이어야 한다. 부부가 사랑을 나눌 때 어떠했는지 생각해 보라. 인간으로 태어나서 가장 기쁘고 행복을 느끼면서 씨를 뿌렸다. 부부는 씨 뿌리는 농부의 심정을 가져야 한다. 농부의 마음은 자신이 뿌린 씨앗이 싹을 틔우고 무럭무럭 잘 자라기를 기도한다. 남편도 아내도 농부의 심정으로 태어날 새 생명을 위하여 기쁨으로 들뜬 마음생활을 해야 한다.

여성이 느끼는 희로애락은 그대로 태아에게 전이된다. 만약에 슬픔이나 근심 적정에 휩싸인다면 태아는 그 나쁜 기운을 받고 자라게 된다. 그러므로 아빠가 되고 엄마가 된다는 기쁜 마음으로 활기차게 살면서 태아 건강을 위하여 우선적으로 협조하라는 뜻으로 입덧은 몇 날 며칠간 선포되는 것이다.

창조주께서 인간을 창조하시고, 그들이 살아갈 환경으로 우주를 만드실 때, 그 설렘과 기쁨을 그대로 체휼할 수 있는 존재는 여성뿐이다. 그러므로 새 생명을 창조하는 경이로운 섭리에 남편도 동참해야 한다. 그걸 촉구하는 시위가 여성의 입덧이다.

고통보다 더 큰 보람

어느 신학교 4학년 학생들이 공직 곧 목회를 하겠다는 사람이 거의 없었다. 50명 중에 고작 3명이 목회를 희망한다는 소문이 나돌았다. 학교 측은 몹시 당황하였고, 학생들을 설득시키려고 유명한 교목校牧을 보내기로 했다.

"여러분 중에 목회를 희망하는 분이 세 분밖에 없다면서요.

여러분! 목회자로 사는 것 정말 어렵습니다. 목회 하지 마세요."

학생들은 서로 얼굴을 쳐다보며 의아한 표정으로 교목의 말에 귀를 기울였다.

"한 여성이 산부인과에서 아기를 낳고 나가면서 한다는 소리가 「내가 다시는 이 병원에 안 올 거예요.」 하고 나가더랍니다. 아기 낳는 일이 얼마나 고통스럽고 힘들었으면 그런 말을 했겠어요."

교목은 학생들을 찬찬히 둘러보고 나서 하던 말을 이었다.

"여러분, 목회도 사실 어렵고 힘듭니다. 저도 40년간 목회를 해 왔습니다만 아침마다 잠도 제대로 못 자고 새벽기도 해야지요. 예배는 왜 그렇게 많아요. 주일예배, 수요예배, 구역예배 등. 어디 그뿐입니까? 갑자기 식구가 아프거나 사고가 나면 잠을 자다가도 달려가서 기도해드려야지요. 만약에 곧바로 가서 기도해드리지 않으면 그 식구 삐쳐서 그 다음부터 교회에 안 나옵니다.

설교는 쉬운 줄 아세요. 일주일에 몇 번씩 하는 설교, 그걸 준비하는 것도 쉽지 않지만 설교하는 것도 어렵습니다. 설교를 마치고 식구들과 악수하면서 인사를 하잖아요. 설교에 은혜를 받으면 악수하는 손에 힘이 있지만 은혜를 못 받으면 손에 힘이 하나도 없습니다. 그래서 은혜로운 설교를 하지 못한 날은 정말 괴로워서 그걸 놓고 회개합니다. 사실 목회자는 개인적인 시간도 거의 없고, 어려워도 어렵다고 말도 못하고, 힘들어도 힘들다고 표현도 못하고 사는 게 목회자입니다."

학생들은 교목의 이야기를 들으며 더 궁금해지기 시작했다.

"그런데 아까 아기를 낳고 산부인과에서 나갈 때 다시는 이 병원에 오지 않겠다고 큰소리치고 나갔던 그 여성이 몇 년 뒤에 또 아기를 낳으러 왔더랍니다.

왜 또 아기를 낳으러 왔을까요?

아기를 낳을 때 고통보다 키울 때 보람이 더 크기 때문입니다. 아기를 낳을 때 여성들이 느끼는 고통은 말로 표현할 수가 없다고 하지요. 그런 대단한 고통, 그런 엄청난 아픔을 겪은 여성은 비로소 새 생명을 창조한 위대한 어머니라는 이름을 얻게 됩니다. 아기를 낳을 때처럼 항상 고통스럽다면 누가 또 아기를 낳으려고 하겠습니까? 아기가 자라나는 그 모습이 신기하고 새록새록 감동적인 사랑의 세계가 있기 때문에 낳을 때 고통은 어느새 다 잊어버리고 또 아기를 낳는 것 아니겠습니까?

여러분, 목회도 마찬가지입니다. 늘 힘들고 어려운 일만 있다면 제가 어떻게 40년간 목회를 했겠습니까? 어려움이 있는 건 사실이지만, 그보다 더 큰 하나님의 은혜가 충만하기 때문에 한평생 목회를 해오고 있습니다.

여러분도 용기를 내서 목회자가 되시기 바랍니다. 말로는 다 표현할 수 없는 놀라운 하나님의 은혜가 기다리고 있습니다."

작가 약력

▲ 서정문학 제1기 등단식 사진

- 1959년(1세) 부父 남원 윤씨南原 尹氏 재옥尹在鈺, 모母 능성 구씨綾城 具氏 순남具順南 사이의 차남으로, 전라남도 화순군 능주면 천덕리1구 576번지에서 출생(음력 7월 26일).
- 1972년(14세) 능주북초등학교 19회 졸업.
- 1982년(24세) 중학교 졸업자격 검정고시 합격.

- 1984년(26세) 고등학교 졸업자격 검정고시 합격.
- 2007년(49세) 『대한문학세계』「궁합」으로 소설부문 등단.
- 2008년(50세) 한국방송통신대학교 국어국문학과 졸업.
- 2008년(50세) 『서정문학』「올보의 숙제」로 수필부문 등단.
- 2010년(52세) 『서정문학』 발행인 역임.
- 2013년(55세) 장편소설 『난자의 반란』 출간.
- 2014년(56세) 제9회 한비문학상 수필부문 대상 수상.
- 2015년(57세) 장편소설 『개팔자 상팔자』 출간.
- 2017년(59세) 수필집 『짭짤하고 성스러운 55가지 이야기』 출간.